CONTENTS

이 책의 차례

Chapter 01 공법 체계도 · · · · 6

Chapter 02 중요테마 + 100제 · · · · 40
국토의 계획 및 이용에 관한 법률 · · · · 41
건축법 · · · · 63
주택법 · · · · 77
농지법 · · · · 89
도시개발법 · · · · 95
도시 및 주거환경정비법 · · · · 104

Chapter 03 마무리 연습 · · · · 114

부록 01 복습문제(100제) · · · · 136
02 마무리 연습(40제) · · · · 183

정답 · · · · 204

박문각 공인중개사

CHAPTER 01

공법 체계도

Chapter 01 공법 체계도

Ⅰ. 국토의 계획 및 이용에 관한 법률
(수립기준: 장관, 심의: 장관 – 중앙/지자체 – 지방)

◆ 줄임: 국토교통부장관(국·장), 해양수산부장관(해·장), 국가, 지자체·공사 등(국·돌)

🔺 행정기관정리

> ① 장관: 땅·건물(국토교통부), 바다(해양수산부), 국방(국방부), 환경(환경부), 행정(행정안전부), 농지(농림축산식품부)
> ② 시: 특별시·광역시·특별자치시·특별자치도 / ③ 도: 도지사 / ④ 군수: 시장·군수
> (▶ 대도시 – 인구 50만명 이상 시)
>   ↳ 시·군수(6짱) – 특별시·광역시·특별자치시·특별자치도·시장·군수

◆ 계획순위: 국가계획 ⇨ 지방계획[광역도시계획 ⇨ 도시·군기본계획] ⇨ 도시·군관리계획

🔺 계획 – 추상적(장기, 비구속적, 행정쟁송 ×, 법정계획)

광역도시계획(2개 이상 지역): 3광 5기

① 지정: 국장(시·도) / 도지사(시장·군수)
② 수립(필): 2개 이상 지역(3년↑수립신청 × 지정권자 수립) / 수립(임): 국·장(공동), 도지사 (공동, 단독)
③ 수립절차: 기초조사(생략 ×) ⇨ 공청회(주민) ⇨ 의견청취(지방의회) ⇨ 수립 ⇨ 협의·심의 (장관: 중앙, 지자체: 지방) ⇨ 승인(지정권자) ⇨ 공고 / 열람(30일) – 법적효력 ×
④ 재검토 ×

도시·군기본계획(1개 지역) – 생활권계획 포함

① 지정권자 ×
② 수립(필): 1개 지역[예외 – ㉠ 수도권 × + 광역시 경계 × + 인구 10만명 이하
　　　　　　　　　　　　㉡ 전부 광역도시계획 포함, 연계수립가능(임)
③ 수립절차: 지정 × ⇨ 기초조사(5년 이내 경험 생략) ⇨ 공청회(주민) ⇨ 의견청취(지방의회) ⇨ 수립 ⇨ 협의(국·장 포함)·심의(지자체: 지방) ⇨ 승인(시장·군수 – 도지사 승인) ⇨ 공고 / 열람(30일) – 법적효력 ×
④ 재검토: 5년

계획 – 구체적(구속적, 행정쟁송, 법정계획)

도시·군관리계획(공간재구조화계획 포함)

① 입안권자: 모든 수립권자(구청장 ×)
② 입안절차: 기초조사(생략: 경미, 지구, 해제, 5년 〈환경제외〉) ⇨ 의견청취(주민, 지방의회) ⇨ 입안 ⇨ 협의·심의(장관: 중앙, 지자체: 지방) ⇨ 결정[시장(대도시 제외)·군수: 도지사 승인 – 지구 제외] ⇨ 고시 / 열람(기간 ×) – 법적효력 ○
③ 입안제안: 주민(기반, 지구, 산업, 입·신·용), 비용부담(임) – 기반·입체(면적 5분의 4 이상), 그 외 3분의 2: 국공유지 제외
④ 지형도면 고시한 날 효력발생, 지형도면 승인(30일): 시장(대도시 제외)·군수: 도지사 승인 – 지구 제외
⑤ 재검토: 5년
⑥ 기득권보호: 수·시(3개월 이내 신고)
⑦ 결정권자: 관리계획(대도시 포함), 공간재구조화(도시혁신·복합용도 대도시 제외)

도시·군관리계획 내용

① 용도지역·용도지구의 지정 또는 변경에 관한 계획
② 수산자원보호구역, 도시자연공원구역, 개발제한구역, 시가화조정구역의 지정 또는 변경에 관한 계획(용도구역)
③ 도시·군계획시설입체복합구역의 지정 또는 변경에 관한 계획(용도구역)
④ 도시혁신구역의 지정 또는 변경에 관한 계획과 도시혁신계획(용도구역)
⑤ 복합용도구역의 지정 또는 변경에 관한 계획과 복합용도계획(용도구역)
⑥ 지구단위계획구역의 지정 또는 변경에 관한 계획과 지구단위계획
⑦ 기반시설의 설치·정비 또는 개량에 관한 계획
⑧ 도시개발사업(도시개발법)이나 정비사업(정비법)에 관한 계획

🔺 도시·군관리계획 내용 Ⅰ. – Ⅴ.

Ⅰ. 용도지역(이름) – 중복 × (용도·건·용·높 제한)	Ⅱ. 용도지구(별명) – 중복 (용도지역 강화·완화)	Ⅲ. 용도구역(사회적 지위) – 중복(용도지역 및 용도지구 강화·완화)

〈필요적 지정〉
① 종류 : 도(주상공녹), 관(보생계), 농, 자
② 주거(전일준), 상업(중일유근), 공업(전일준), 녹지(보생자)
③ 전용주거(1종, 2종), 일반주거(1종, 2종, 3종) – 전용(양호), 일반(편리)
④ 이름 없으면 보전지역으로
⑤ 공유수면 – 이웃지역 내용과 같으면 동일지역으로(지정 간주, 고시 간주 ×), 다르면 도시·군관리계획
⑥ 도시지역(지정·고시간주) – 어·항(도시연접), 산(농공 ×), 택, 전·예(수력·변전 ×)
⑦ 건폐율, 용적률 – 중심상업지역이 가장 크다.
	〈임의적 지정 – 방재지구 제외〉
	⇨ 안전·경관
	① 종류
	  ㉠ 세분 : 경(특자시), 취(집·보·자). 개(특.주.산 〈공·유·물〉.관.복), 방재(자시), 보(역중생)
	  ㉡ 세분× : 고.방.특.복(계·일).대
	② 행위제한(원칙 – 도시·군계획 조례) : 고(도시·군관리계획). 취(집 – 개발제한법, 자 – 국계법시행령).개(개발계획).방화(건축법)
	🔖 자연취락지구(4층 이하) 제외 : 먹마노, 관광휴게(보호취락지구 허용), 정신병원, 장례식장 – 단, 노래연습장 ×, 동물병원 ×
	③ 신설가능(대통령령)
	④ 복합용도제한지구 지정(일반주거지역·일반공업지역·계획관리지역)
		〈임의적 지정〉
		⇨ 무질서
		① 수산자원보호(해·장 지정, 타법제한)
		② 도시자연공원(시·도·대도시시장 지정, 타법제한)
		③ 개발제한(국·장지정, 국방부장관 요청, 타법제한)
		④ 시가화조정(시도·국장 지정, 5년–20년 이내, 다음 날 실효, 국계법 제한)
		⑤ 지정 : 도시·군계획시설 입체복합구역(도시·군관리계획결정권자), 도시혁신구역·복합용도구역(공간재구조화계획결정권자) – 국계법

Ⅳ. 지구단위(개발이므로 완화)

① 지구단위계획 – 일부
② 지구단위지정(전부 또는 일부)
    ㉠ 재량적(도시)
    ㉡ 의무적(도시) – 정·택 10년 이상, 30만㎡ 이상 시·공 해제/녹 ⇨ 주상공
    ㉢ 비도시(재량) – 계획관리(50% 이상), 개발진흥
    ㉣ 지구대체
③ 맞게 건축(가설 제외)
④ 필요적 포함(건·용·높·용·기), 임의적(건축선 포함)
⑤ 완화: 도시(건 – 150·용 – 200·높 – 120·주 – 100), 비도시(건 – 150·용 – 200)
⑥ 실효(다음 날): 3년(주민입안 – 5년, 환원간주)
⑦ 실효고시: 시장·군수 포함

Ⅴ. 기반시설 ⇨ 도시·군계획시설

① 기반시설 종류: 교통, 공간, 유통·공급, 공공·문화, 방재, 보건위생(가기싫다), 환경기초(폐·하·빗물·폐·수)
② 공동구
    ㉠ 200만㎡ 초과 시행자 설치
    ㉡ 임의적 수용(가스관·하수도관)
    ㉢ 비용(설치 – 점용예정자, 관리 – 점용자, 점용면적 고려)
    ㉣ 점용료·사용료(조례)
    ㉤ 안전계획(5년), 안전점검(1년 1회 이상)
③ 도시·군계획시설(기반시설 중 도시·군관리계획결정): 관리(국가 – 장관, 지방 – 조례)
④ 광역시설(2개 이상 지역 연결): 관리(국가 – 장관, 지방 – 조례), 지방협약·도지사, 국가(법인)

◆ 이 용

도시·군계획시설사업

도시·군계획시설사업(인가) − 공적개발

① 단계별 집행계획: 1단계(3년 이전), 2단계(3년 이후) − 2단계는 1단계 포함 가능
② 시행자: 행정청(행정심판대상), 비행정청(민간사업자 동의조건 − 면적 3분의 2 이상 + 소유자 2분의 1 이상)
③ 실시계획 인가·고시(조건부인가 − 조.경.환.위.기)
④ 시행자 보호조치: 분할시행, 서류무료열람, 공시송달, 국·공유지처분제한, 토지수용, 인접지 일시사용, 타인토지 출입[측량 및 기초조사 목적, 사용 시(7일 전 통지), 일시사용·변경·제거 시(3일 전 통지), 비행정청은 허가필요, 일출 전 일몰 후 점유자승낙, 위반시(1000만원 이하 과태료), 손실보상(公사업문제), 행정심판(행정청에게)]
⑤ 공사완료(준공검사 − 국·장 ×, 공사완료공고 − 국·장 ○)
⑥ 매수청구(건축물 포함): 10년 경과(인가신청 ×)시 매수청구 ⇨ 6개월 이내 결정, 2년 내 매수 (현금, 도시·군계획시설채권 − 지자체만 발행, 보증 ×, 기명 ×)
  ⤷ 해제: 입안권자(3개월), 결정권자(2개월), 국·장(해제권고) − 1년 이내 해제
⑦ 매수 ×: 3층 이하 단독·근린, 공작물
  ⤷ 2년 이내 실시 ×: 가설, 공작물, 재축·개축
    10년 이내 인가신청시 실효: 5년 다음 날, 면적 3분의 2 이상 소유시 7년 다음 날
⑧ 실효(다음 날): 20년

개발행위허가

개발행위(허가) − 사적개발(도시·군계획시설사업 ×)

① 허가대상: 건(녹·관·농 비닐하우스 제외), 물(1개월 이상 − 농림 제외), 토·형(경작 제외), 토·채(토·형목적 제외), 토분(건축물존재시 건축법)
  ⤷ 재해복구 응급조치(1개월 이내 신고), 경미 − 단축·축소, 숫자5(허가 ×)
② 허가기준(미만): 농공관리(3만), 보보(5천), 그 외(1만)
③ 허가신청서 제출(조.경.환.위.기) ⇨ 의견청취 ⇨ 협의·심의(지구제외) ⇨ 허가, 불허가, 조건부허가(조.경.환.위.기) − 이행보증금(국·똘 제외)
④ 개발행위 허가제한: ㉠ 우량농지, ㉡ 환·경, 국가유산, ㉢ 계획, ㉣ 지구, ㉤ 부담 − 3년(심의 ○), ⇨ ㉢㉣㉤ 1회 2년 연장(심의 ×)
⑤ 성장관리계획(개발이므로 완화)
  녹,관,농,자 / 필요적 포함(건·용·높·용·기 + α) / 건(계 50%, 보전제외 30%), 용(계 125%)
⑥ 공공시설귀속: 행정청 무조건 무상, 비행정청는 새로운 시설은 무상, 종래(폐지)시설은 상당한범위 무상
  ⤷ 행정청(준공검사 마친 때, 통지시 귀속), 비행정청(개발행위 끝나기 전, 준공검사 끝난 때 귀속)

개발행위 허가 후 문제점

개발밀도관리구역 - 보전(강화)		기반시설부담구역 - 개발(완화)
① 지정(임 - 시·군수): 주, 상, 공 ② 지정기준: 2년, 20% 이상 (주기적검토 - 강화·완화·해제 가능) ③ 주민의견청취 ×, 심의 ④ 건·용(50% 범위) 강화	중복 ×	① 지정(필 - 시·군수): 개발밀도관리구역 외, 대학 ×, 개·인 20% 이상, 2년 × ② 주민의견청취, 심의, 기준(최소 10만m² 이상) ③ 해제(다음 날): 1년 ④ 산정기준: 200m² 초과 신축·증축(리모델링 ×), 납부의무자(건축행위자, 2개월, 사용승인신청시, 부담률 100분의 20), 국민임대주택건설 제외 ⑤ 납부방법: 현금, 카드, 물납

청 문

① 실시: 시·도지사, 시장·군수 또는 구청장
② 내용: 개발행위허가취소, 도시·군계획시설사업의 시행자 지정의 취소, 실시계획인가의 취소

II. 건축법

건축법 적용대상(건축물, 공작물, 대지)

건축물
건축물이란 토지에 정착하는 공작물(광의) 중 ① 지붕과 기둥 또는 벽이 있는 것과 ② 이에 딸린 시설물 ③ 지하나 고가의 공작물에 설치하는 사무소·공연장·점포·차고·창고 등
〈제외〉 ① 지정문화유산이나 임시지정 문화유산 등 ② 철도나 궤도의 선로 부지에 있는 시설(㉠ 운전보안시설 ㉡ 철도 선로의 위나 아래를 가로지르는 보행시설 ㉢ 플랫폼 ㉣ 해당 철도 또는 궤도사업용 급수·급탄 및 급유시설) ③ 고속도로 통행료 징수시설 ④ 컨테이너를 이용한 간이창고 ⑤ 수문조작실

공작물(2옹담, 4기장광, 5태, 6골굴, 8고, 지하30m²에 숨음)

다음의 공작물(협의)을 축조(건축물과 분리)하려는 자는 특별자치시장·특별자치도지사 또는 시장·군수·구청장에게 신고하여야 한다.
① 높이 2m를 넘는 옹벽 또는 담장
② 높이 4m를 넘는 기념탑, 장식탑, 광고탑, 광고판, 첨탑
③ 높이 5m를 넘는 「신에너지 및 재생에너지 개발·이용·보급 촉진법」에 따른 태양에너지를 이용하는 발전설비
④ 높이 6m를 넘는 굴뚝, 골프연습장 등의 운동시설을 위한 철탑, 주거지역·상업지역에 설치하는 통신용 철탑
⑤ 높이 8m를 넘는 고가수조
⑥ 바닥면적 30m²를 넘는 지하대피호
⑦ 높이 8m 이하의 기계식 주차장 및 철골 조립식 주차장으로서 외벽이 없는 것

건축법 건축행위(신축, 증축, 개축, 재축, 이전) / 대수선 / 용도변경

신 축		
① 건축물이 없는 대지(기존 건축물이 철거되거나 멸실된 대지 포함) 새로 건축물을 축조(築造)하는 것 ② 부속건축물만 있는 대지에 새로 주된 건축물을 축조 ③ 개축 또는 재축 제외	이 전	건축물의 주요구조부를 해체하지 아니하고 같은 대지의 다른 위치로 옮기는 것
	증 축	기존 건축물이 있는 대지에서 건축물의 건축면적, 연면적, 층수 또는 높이를 늘리는 것
	개 축	기존 건축물의 전부 또는 일부(내력벽·기둥·보·지붕틀 중 셋 이상이 포함되는 경우를 말함)를 해체하고 그 대지에 종전과 같은 규모의 범위에서 건축물을 다시 축조하는 것
	재 축	건축물이 천재지변이나 그 밖의 재해로 멸실된 경우 연면적 합계는 종전 규모 이하 동수, 층수 및 높이가 모두 종전 규모 이하일 것

대수선(내, 기, 보, 지, 마벽, 3 – 수선·변경)

① 기둥 / 보 / 지붕틀을 증설 또는 해체하거나 세 개 이상 수선 또는 변경하는 것
② 내력벽을 증설 또는 해체하거나 그 벽면적을 30m² 이상 수선 또는 변경하는 것
③ 건축물의 외벽에 사용하는 마감재료를 증설 또는 해체하거나 벽면적 30m² 이상 수선 또는 변경하는 것
④ 방화벽 또는 방화구획을 위한 바닥 또는 벽을 증설 또는 해체하거나 수선 또는 변경하는 것
⑤ 주계단·피난계단 또는 특별피난계단을 증설 또는 해체하거나 수선 또는 변경하는 것
⑥ 다가구주택의 가구 간 경계벽 또는 다세대주택의 세대 간 경계벽을 증설 또는 해체하거나 수선 또는 변경하는 것

용도변경(자, 산, 전, 문, 영, 교, 근, 주, 기)	
시설군	용도군
1. 자동차	자동차관련시설
2. 산업등시설군 (묘.장.산)	㉠ 공장, 창고시설　　㉡ 자원순환관련시설 ㉢ 위험물저장 및 처리시설　㉣ 묘지관련시설·장례식장(동물 포함) ㉤ 운수시설
3. 전기통신	㉠ 방송통신　　㉡ 발전시설
4. 문화집회 (문.화.위.관.종)	㉠ 문화 및 집회　　㉡ 위락시설 ㉢ 관광휴게시설　　㉣ 종교시설
5. 영업시설군 (운.숙.판.다)	㉠ 운동시설　　㉡ 숙박시설 ㉢ 판매시설　　㉣ 제2종 근생 중 다중생활시설
6. 교육복지 (의사.노.교.수.야영)	㉠ 의료시설　　㉡ 노유자시설 ㉢ 교육연구시설　㉣ 수련시설 ㉤ 야영장시설
7. 근린생활	㉠ 제1종 근린생활시설　㉡ 제2종 근린생활시설
8. 주거업무	㉠ 단독주택　　㉡ 공동주택 ㉢ 업무시설　　㉣ 교정 및 국방·군사
9. 기타(그 밖)	동물 및 식물관련시설(동·식물원 ×)

허 가	신 고	건축사설계 (용도변경 500m² 이상)	사용승인 (용도변경 100m² 이상)	변경신청
↑	↓	↑	↑ ↓	← → <동일 용도군끼리 제외>

건축법 적용대상지역

전면적 적용지역
㉠ 국토계획법에 따른 도시지역 및 지구단위계획구역 ㉡ 동이나 읍(동이나 읍에 속하는 섬의 경우에는 인구가 500명 이상)
제한적 적용지역
전면적용 외의 지역(면, 섬인구 500명 미만)에서는 대지와 도로의 관계, 도로의 지정·폐지 또는 변경, 건축선의 지정, 건축선에 따른 건축제한, 방화지구 안의 건축물, 대지의 분할제한 규정 적용 ×

건축허가 및 신고 등

건축허가	건축신고
① 사전결정 　㉠ 허가대상 　㉡ 개발행위·보전산지전용(도시한함)·농지전용, 하천점용: 허가의제 　　⇨ 도로점용허가: 건축허가 의제 × 　㉢ 통지받은 날부터 2년 이내에 건축허가신청 × ⇨ 효력 상실 ② 허가권자 　㉠ 원칙: 특별자치시장·특별자치도지사·시장·군수·구청장 　㉡ 예외: 특별시장 또는 광역시장 ⇨ 21층 이상 또는 연면적 합계가 10만㎡ 이상(공장·창고는 제외) ③ 도지사의 사전승인: 허가권자 × 　㉠ 자연환경·수질보호지역: 3층 이상 또는 연면적 1천㎡ 이상 　㉡ 주거·교육환경 목적으로 지정한 지역의 위락시설 및 숙박시설	① 바닥면적 합계 85㎡ 이내 증·개축·재축 ② 관리지역, 농림지역, 자연환경보전지역의 연면적이 200㎡ 미만이고 3층 미만 ③ 대수선(200㎡ 미만이고 3층 미만인 건축물) - 단, 주요구조부 수선 제외(층수 ×, 면적 ×) ④ 연면적 합계 100㎡ 이하인 건축물의 건축 ⑤ 높이 3m 이하의 증축 ⑥ 2층 이하 + 연면적 합계가 500㎡ 이하인 공장 ⑦ 연면적 200㎡ 이하의 창고, 연면적 400㎡ 이하의 축사·작물재배사
	허가제한
	건축허가나 건축물의 착공을 제한하는 경우 제한기간은 2년 이내로 한다. 다만, 1회에 한하여 1년 이내의 범위에서 제한기간을 연장할 수 있다.

가설건축물

도시·군계획시설 및 도시·군계획시설예정지에서 가설건축물을 건축하려는 자는 특별자치시장·특별자치도지사, 시장·군수·구청장의 허가(신고)를 받아야 한다. ① 3층 이하일 것 ② 존치기간은 3년 이내 ③ 존치기간 만료일 14(7)일 전까지 연장허가(신고) 신청

사용승인

① 건축주가 건축허가, 건축신고 및 허가대상 가설건축물의 규정에 따라 허가를 받았거나 신고를 한 건축물의 건축공사를 완료(하나의 대지에 둘 이상의 건축물을 건축하는 경우 동별 공사를 완료한 경우 포함)한 후 그 건축물을 사용하려면 공사감리자가 작성한 감리완료보고서와 공사완료도서를 첨부하여 허가권자에게 사용승인을 신청하여야 한다.
② 임시사용승인의 기간은 2년 이내로 한다. 다만, 허가권자는 대형 건축물 또는 암반공사 등으로 인하여 공사기간이 긴 건축물에 대하여는 그 기간을 연장할 수 있다.

📌 대지 및 도로 / 공개공지 / 건축선

대 지	도로(접도의무)
① 대지는 인접한 도로면보다 낮아서는 아니 된다. ② 대지조경 　㉠ 면적이 200m² 이상(조경 의무) 　㉡ 예외(조경의무 ×): 녹지지역 안의 건축물, 공장(면적 5000m² 미만, 연면적합계 1500m² 미만), 염분함유건축물, 축사, 가설건축물, 연면적 합계가 1,500m² 미만인 물류시설(주거·상업지역은 제외) ③ 옥상조경기준: 3분의 2 조경가능, 전체조경면적 100분의 50 초과 금지	① 도로: 보행과 자동차 통행이 가능한 너비 4m 이상의 도로나 예정도로 ② 건축물의 대지는 2m 이상이 도로(자동차만의 통행에 사용되는 도로는 제외)에 접하여야 한다. ③ 연면적의 합계가 2000m²(공장은 3000m²)이상인 건축물은 너비 6m 이상의 도로에 4m 이상 접하여야 한다.

공개공지	구조안전
① 설치대상 건축물: 바닥면적의 합계가 5천m² 이상인 건축물(농수산물유통 ×, 여객용운수시설 ○) ② 공개공지 등의 면적: 대지면적의 100분의 10 이하의 범위 ③ 설치대상: 일반주거지역(전용 ×), 준주거지역, 상업지역, 준공업지역(전용 ×, 일반 ×)	① 층수가 2층 이상, 연면적이 200m² 이상 ② 목구조 건축물 3층 이상, 500m² 이상 ③ 높이가 13m 이상 ④ 처마높이가 9m 이상 ⑤ 기둥과 기둥 사이의 거리가 10m 이상 ⑥ 단독주택 및 공동주택

건축선
① 소요너비(4m)에 못 미치는 너비의 도로인 경우에는 그 중심선으로부터 그 소요너비의 2분의 1의 수평 거리만큼 물러난 선을 건축선(대지면적 제외) ② 도로의 반대쪽에 경사지, 하천, 철도, 선로부지, 그 밖에 이와 유사한 것이 있는 경우에는 그 경사지 등이 있는 쪽의 도로경계선에서 소요너비에 해당하는 수평거리의 선을 건축선으로 한다(대지면적 제외). ③ 특별자치시장·특별자치도지사·시장·군수·구청장이 도시지역에서 4m 이하의 범위 내에서 따로 지정가능(대지면적 포함)

면적 / 층수

면 적

① 대지면적: 대지의 수평투영면적(제외: 건축선, 도시·군계획시설)
② 건축면적: 건축물의 외벽의 중심선으로 둘러싸인 부분의 수평투영면적(단, 후퇴 제외)
   ㉠ 원칙: 1m 후퇴
   ㉡ 한옥: 2m 후퇴, 가축: 3m 후퇴, 전통사찰: 4m 후퇴
③ 바닥면적: 벽, 기둥, 그 밖에 이와 유사한 구획의 중심선으로 둘러싸인 수평투영면적
   ㉠ 벽, 기둥의 구획이 없는 건축물은 그 지붕 끝부분으로부터 1m를 후퇴부분(바닥면적에 산입 ×)
   ㉡ 노대 등이 접한 가장 긴 외벽에 접한 길이에 1.5m를 곱한 값을 뺀 면적부분(바닥면적에 산입 ×)
   ㉢ 필로티, 승강기탑, 계단탑, 장식탑, 다락〔층고가 1.5m(경사진 형태의 지붕인 경우에 1.8m)〕이하, 굴뚝지상층에 설치한 기계실, 전기실, 어린이놀이터 및 조경시설 및 생활폐기물 보관함(바닥면적에 산입 ×)
④ 연면적: 하나의 건축물 각 층의 바닥면적의 합계 ⇨ 지하층, 지상층의 주차용 면적(부속용도), 고층 피난안전 구역, 경사지붕아래설치 대피공간의 면적은 용적률 산정시 연면적에서 제외

층 수

① 승강기탑, 계단탑, 망루, 장식탑, 옥탑, 그 밖에 이와 비슷한 건축물의 옥상부분으로서 그 수평투영면적의 합계가 해당건축물 건축면적의 1/8 이하인 것과 지하층은 층수에서 제외된다.
② 층의 구분이 명확하지 아니한 건축물은 그 건축물의 높이 4m 마다 하나의 층으로 보고 그 층수를 산입한다.
③ 건축물이 부분에 따라 그 층수가 다른 경우에는 그 중 가장 많은 층수를 그 건축물의 층수로 본다.

이행강제금

이행강제금(허용건신)

① 허가권자는 영리목적을 위한 위반이나 상습적 위반: 100분의 100범위 가중(연면적이 $60m^2$ 이하의 주거용건축물: 조례금액의 2분의 1 범위에서 부과감액)
② 1년에 2회 이내의 범위 부과·징수
③ 시정명령을 받은자가 이행하면 새로운 이행강제금부과는 즉시 중지하고 이미 부과된 이행강제금은 징수한다.

Ⅲ. 주택법

🏠 주택의 분류

주 택		
세대원이 장기간 독립된 주거생활을 할 수 있는 구조로 된 건축물(전부 또는 일부) 및 부속토지		
단독주택	공동주택	준주택
단독, 다중, 다가구, 공관(×)	아파트, 연립, 다세대, 기숙사(×)	오피스텔, 기숙사, 다중생활시설, 노인복지주택
국민주택		
① 국가·지자체·토지주택공사·지방공사가 건설 ② 주거전용면적 85m² 이하의 주택, 국가·지자체의 재정이나 주택도시기금 지원(최대 100m² 이하)		
민영주택		
국민주택을 제외한 주택		

🏠 공동주택 유형

도시형 생활주택	세대구분형 공동주택
300세대 미만의 국민주택규모에 해당하는 주택으로서 도시지역에 건설하는 주택 ① 아파트형주택 : 독립된 주거가 가능(욕실 및 부엌을 설치), 지하층 설치 × ② 단지형연립주택 : 아파트형 주택이 아닌 연립주택(주택으로 쓰는 층수를 5개층까지 건축) ③ 단지형다세대주택 : 아파트형 주택이 아닌 다세대주택(주택으로 쓰는 층수를 5개층까지 건축)	공동주택의 주택 내부 공간의 일부를 세대별로 구분하여 생활이 가능한 구조로 하되, 그 구분된 공간의 일부를 구분소유 할 수 없는 주택(세대수에 관계없이 하나의 세대로 산정) ① 승인 ㉠ 세대별로 구분된 각각의 공간마다 별도의 욕실, 부엌과 현관을 설치, ㉡ 연결문 또는 경량구조의 경계벽 등을 설치, ㉢ 전체세대수 1/3, 전체주거전용면적합계 1/3 ② 허가 ㉠ 기존세대 포함 2세대 이하, ㉡ 세대별로 구분된 각각의 공간마다 별도의 욕실, 부엌과 구분 출입문을 설치, ㉢ 전체 1/10·동 1/3, ㉣ 구조, 화재, 소방, 피난안전 등 안전기준 충족

🏠 공동주택 시설

부대시설	주택에 딸린 다음의 시설 또는 설비(주차장, 관리사무소, 담장 및 주택단지 안의 도로, 보안등, 대문, 경비실, 방범설비 등)
복리시설	주택단지의 입주자 등의 생활복리를 위한 공동시설(어린이놀이터, 근린생활시설, 유치원, 주민운동시설 및 경로당 등)
기간시설	도로·상하수도·전기시설·가스시설·통신시설 및 지역난방시설 등
간선시설	기간시설을 그 주택단지 밖에 있는 같은 종류의 기간시설에 연결시키는 시설

주택단지 등

주택단지
주택 + 부대시설 + 복리시설을 건설하거나 대지로 조성하는데 사용되는 일단의 토지. 다만, 다음의 시설로 분리된 토지는 별개의 주택단지로 본다. ① 철도, 고속도로, 자동차전용도로, 국도, 지방도 ② 폭 20m 이상인 일반도로 ③ 폭 8m 이상인 도시계획 예정도로
공 구
① 공구별 세대수: 300세대 이상 ② 공구별 분할건설: 600세대 이상

등록사업자와 사업계획승인

등록사업자	사업계획승인
등록사업자(국토교통부장관에게 등록) ① 주택건설사업자: 원칙(연간 - 20호, 20세대 이상), 도시형 생활주택(30세대 이상) ② 대지조성사업자(1만m^2 이상) ③ 비등록 사업자: 국가, 지방자치단체, 한국토지주택공사, 지방공사 ④ 공동사업주체: 등록업자 + [토지소유자·주택조합(임의적), 고용자(의무적)] ⑤ 거짓, 등록증 대여: 필요적 말소	① 사업계획승인대상: 단독주택은 30호 이상 또는 공동주택은 30세대 이상, 대지 1만m^2 이상 - 한옥: 50호 이상, 도시형 생활주택(50세대 이상: 30m^2 이상 + 6m 이상) ② 절차: 승인신청 ⇨ 통보(60일 이내) ⇨ 승인 ⇨ 5년 이내 착수(연장: 1년 범위 내) ⇨ 시공/감리 ⇨ 사용검사 ③ 승인권자 　㉠ 10만m^2 이상: 시, 도지사, 대도시 시장 　㉡ 10만m^2 미만: 특·광·자시·자도·시장·군수 　㉢ 국·똘, 장관지정·고시: 국토교통부장관

주택조합(인가)

지역·직장주택조합	
자격	무주택자, 세대원 중 1명에 한정 $85m^2$ 이하의 주택 1채를 소유(지역주택조합은 6개월 이상 거주)
토지사용권원 및 소유권 확보	주택건설대지의 80% 이상에 해당하는 토지의 사용권원 + 주택건설대지의 15% 이상에 해당하는 토지의 소유권을 확보
조합원의 수	주택건설 예정 세대수의 50% 이상의 조합원으로 구성(조합원은 20명 이상)
조합발기	설립인가를 받기 위하여 조합원을 모집하려는 자(지역주택조합은 1년 이상 거주): ㉠ 50퍼센트 이상에 해당하는 토지의 사용권원을 확보 ㉡ 1차 공개모집의 방법으로 조합원을 모집(시장·군수·구청장에게 신고) ㉢ 조합원을 재모집(신고하지 아니하고 선착순의 방법)
충원	㉠ 조합원의 사망 ㉡ 판결 등으로 변경(전매가 금지되는 경우는 제외) ㉢ 조합원의 탈퇴(예정 세대수의 50% 미만) ㉣ 무자격자로 판명되어 자격을 상실 ㉤ 조합원 수가 변경(세대수의 50% 미만)
자격요건의 기준	조합설립인가 신청일
변경인가 신청	사업계획승인신청일
리모델링주택조합	
① 소유권이 여러 명의 공유(대표하는 1명) ② 전체 3분의 2 이상 및 각 동 과반수의 결의(동 리모델링 - 동 3분의 2 이상의 결의) ③ 대수선: 리모델링(10년), 증축: 리모델링(15년), 안전진단	

주택상환사채

발행권자	① 한국토지주택공사(보증 ×), 등록사업자(자본금 5억 이상 또는 최근 3년간 연평균실적 300호 이상: 보증 ○) ② 국토교통부장관 승인
발행방법	① 기명증권(채권에는 성명만 기재) ② 주택상환사채는 양도하거나 중도에 해약할 수 없다(세대원 전원이주, 상속 등 부득이 한 경우 양도 가능).
상환	발행일부터 3년 초과 금지
효력	등록사업자의 등록이 말소되어도 사채효력에는 영향 ×
적용법규	주택법 우선적용 후 규정 없으면 상법 중 사채발행규정 적용

🏠 건 설

사업계획이행절차	사용검사

① 사업착수 - 분할 ×(㉠ 승인받은 날부터 5년 이내), 분할 (㉡ 최초 5년 이내, ㉢ 그외 2년 이내), ㉠㉡(취소 - 임)
② 연장(1년 범위): 매장유산발굴허가, 소유권분쟁(소송중), 불가항력사유, 기반시설설치지연, 경기침체 - ㉠㉡
③ 매도청구(시가, 3개월 이상 협의): ⓐ 95% 이상(모든 소유자) ⓑ 그 외: 지구단위계획결정고시일 10년 이전에 소유권을 취득 계속보유 제외 매도청구 ⓒ 리모델링결의에 찬성 ×
	사업주체 ⇨ 보증자 ⇨ 입주예정자 대표회의
	① 사용검사
	   - 공구별·동별
	② 임시사용승인
	   - 공동주택은 세대별

🏠 공 급

주택공급의무
① 사업주체가 시장·군수·구청장의 승인: 목록표(마감자재 목록표)와 견본주택의 각 실의 내부를 촬영한 영상물 등을 제작하여 승인권자에게 제출(국가·지방자치단체·한국토지주택공사 및 지방공사 건설 포함) - 2년 이상 보관 ② 당초의 마감자재와 같은 질 이상으로 설치(입주예정자에게 미리 통지)
분양가상한제
① 국토교통부장관이 주택가격상승률이 물가상승률보다 현저히 높은 지역으로서 주택가격이 급등하거나 급등할 우려가 있는 지역 중 주거정책심의위원회 심의를 거쳐 지정 ② 예외(도시형 생활주택, 소규모주택정비사업, 공공재개발사업, 경제자유구역, 관광특구 50층 이상 또는 높이가 150m 이상 등)

공급발생 문제점

공급질서 교란금지

① 주택을 공급받을 수 있는 조합원의 지위
② 주택상환사채
③ 입주자저축증서
④ 시장·군수·구청장이 발행한 무허가 건물 확인서·건물철거예정증명서·건물철거 확인서
⑤ 공공사업의 시행으로 인한 이주대책에 따라 주택을 공급받을 수 있는 지위 또는 이주대책대상 확인서 - 상속 ○ 저당 ○, 지위(무효), 취소(필)

저당권 등의 설정제한

① 사업주체가 입주예정자의 동의 없이 저당권 또는 가등기 담보권 등 담보물권을 설정하는 행위를 금지
② 입주자모집공고승인 신청일(주택조합의 경우에는 사업계획승인 신청일) 이후부터 소유권이 이전등기를 신청할 수 있는 날(입주가능일)이후 60일까지 제한
③ 부기등기(국·똘 제외): 대지는 입주자 모집공고 승인신청과 동시에 하여야 하고 주택은 소유권보존등기와 동시

전매제한

① 투기과열지구 - 국·장, 시·도지사 지정(반기마다 재검토)
② 조정대상지역 - 국·장 지정(반기마다 재검토)
③ 전매제한
   ㉠ 세대원이 근무 등 세대원전원이 이전(수도권 안에서 이전 제외)
   ㉡ 상속으로 세대원 전원이전
   ㉢ 세대원 전원이 해외 이주(2년 이상 체류 포함)
   ㉣ 이혼으로 배우자에게 이전
   ㉤ 일부를 배우자에게 증여
   ㉥ 채무불이행으로 경매 또는 공매가 시행
   ㉦ 실직·파산 또는 신용불량으로 경제적 어려움

Ⅳ. 농지법

🔺 용어정의

농 지
전·답, 과수원, 그 밖에 법적 지목(地目)을 불문하고 실제로 농작물 경작지
농지제외
① 지목이 전·답, 과수원이 아닌 토지(지목이 임야인 토지는 제외)로서 농작물 경작지 또는 다년생식물 재배지로 계속하여 이용되는 기간이 3년 미만인 토지
② 지목이 임야인 토지로서 「산지관리법」에 따른 산지전용허가를 거치지 아니하고 농작물의 경작 또는 다년생식물의 재배에 이용되는 토지
③ 「초지법」에 따라 조성된 초지
④ 조경목적으로 식재
농업인
① 1천㎡ 이상의 농지에서 농작물 또는 다년생식물을 경작(재배 포함)하거나 1년 중 90일 이상 농업에 종사하는 자
② 농지에 330㎡ 이상의 고정식온실·버섯재배사·비닐하우스, 그 밖의 농업생산에 필요한 시설을 설치하여 농작물 또는 다년생식물을 경작 또는 재배하는 자
③ 대가축 2두, 중가축 10두, 소가축 100두, 가금 1천수 또는 꿀벌 10군 이상을 사육하는 자
④ 1년 중 120일 이상 축산업에 종사하는 자, 농업경영을 통한 농산물의 연간 판매액이 120만원 이상인 자
기 타
① 농업법인: 「농어업경영체 육성 및 지원에 관한 법률」에 따라 설립된 영농조합법인과 업무집행권을 가진 자 중 3분의 1 이상이 농업인인 농업회사법인
② 자경(自耕): 농업인이 그 소유 농지에서 농작물 경작 또는 다년생식물 재배에 상시 종사하거나 농작업의 2분의 1 이상을 자기의 노동력으로 경작 또는 재배하는 것과 농업법인이 그 소유 농지에서 농작물을 경작하거나 다년생식물을 재배하는 것
③ 주말·체험영농: 농업인이 아닌 개인이 주말 등을 이용하여 취미생활이나 여가활동으로 농작물을 경작하거나 다년생식물을 재배하는 것을 말한다.

농지소유

원칙	농지는 자기의 농업경영에 이용하거나 이용할 자가 아니면 소유하지 못한다.
예외	㉠ 국가·지방자치단체 ㉡ 학교·공공단체·농업연구기관·농업생산자단체 등 ㉢ 주말·체험영농(농업진흥지역 외) ㉣ 상속 ㉤ 8년 이상 이농 ㉥ 담보농지 ㉦ 농지전용허가·전용신고 ㉧ 농지전용협의
특례제한	농지법에서 허용된 경우 외에는 농지 소유에 관한 특례를 정할 수 없다.
소유상한	① 상속농지·8년 이상 이농: 총 1만㎡까지만 소유(임대하거나 무상사용하게 하는 경우에는 소유 상한을 초과하는 농지를 계속 소유) ② 주말·체험영농: 총 1천㎡ 미만의 농지를 소유(세대원 전부가 소유하는 총면적)
중개자금지행위 (3년, 3000만원 이하)	① 농지 소유 제한이나 농지 소유 상한에 대한 위반 사실을 알고도 농지를 소유하도록 권유하거나 중개하는 행위 ② 위반 사실을 알고도 농지를 위탁경영·농지임대차나 사용대차하도록 권유하거나 중개하는 행위 ③ 그 행위가 행하여지는 업소에 대한 광고 행위

농지취득자격증명

발급권자: 7일(단 농지위원회 심의 14일)

농지를 취득하려는 자는 농지 소재지를 관할하는 시·구·읍·면의 장에게서 농지취득자격증명을 발급받아야 한다.

특례	
계획서 면제 ○, 발급 ○: 4일	계획서 면제 ○, 발급 ×
① 학교, 공공단체·농업연구기관·농업생산자단체 ② 농지전용허가를 받거나 농지전용신고 ③ 1천500제곱미터 미만의 농지나 농지를 취득 ④ 평균경사율이 15퍼센트 이상 ⑤ 비축이 필요 한국토지주택공사가 취득	① 국가나 지방자치단체 ② 상속 ③ 담보농지 ④ 시효의 완성 ⑤ 매립농지 ⑥ 토지수용 ⑦ 농지전용협의 ⑧ 농업법인의 합병 ⑨ 공유농지의 분할

농지처분

의무(1년)	처분명령(6개월 – 시장·군수 또는 구청장)
① 농지를 소유하고 있는 농업회사법인이 요건에 맞지 아니하게 된 후 3개월이 지난 경우 ② 농지를 취득한 자가 취득한 날부터 2년 이내에 그 목적사업에 착수하지 아니한 경우 ③ 농지 소유 상한을 초과하여 소유한 것이 판명된 경우	① 거짓이나 그 밖의 부정한 방법으로 농지취득자격증명을 발급받아 농지를 소유한 것으로 시장·군수 또는 구청장이 인정한 경우 ② 처분의무 기간에 처분 대상 농지를 처분하지 아니한 경우 ③ 농업법인이 위반하여 부동산업을 영위한 것으로 시장·군수 또는 구청장이 인정한 경우

매수청구 등

매수청구	① 매수자: 한국농어촌공사 ② 매수가격(공시지가): 실제 거래 가격이 공시지가보다 낮으면 실제 거래 가격을 기준
이행강제금	① 토지가액의 100분의 25에 해당하는 이행강제금 ② 이행강제금을 부과하기 전에 이행강제금을 부과·징수한다는 뜻을 미리 문서로 알려야 한다. ③ 시장·군수 또는 구청장은 최초로 처분명령을 한 날을 기준(매년 1회) ④ 새로운 이행강제금의 부과는 즉시 중지하되, 이미 부과된 이행강제금은 징수하여야 한다. ⑤ 30일 이내에 시장·군수 또는 구청장에게 이의를 제기할 수 있다. ⑥ 강제징수: 이의를 제기하지 아니하고 이행강제금을 납부기한까지 내지 아니하면 「지방행정제재·부과금의 징수 등에 관한 법률」에 따라 징수한다.

위탁경영

대 상	① 「병역법」에 따라 징집 또는 소집 ② 3개월 이상 국외 여행 ③ 농업법인이 청산 중 ④ 부상으로 3월 이상의 치료 ⑤ 교도소·구치소 또는 보호감호시설에 수용 ⑥ 임신중이거나 분만 후 6개월 미만 ⑦ 농업인이 자기 노동력이 부족하여 농작업의 일부를 위탁 ⑧ 질병, 취학, 선거공직취임에 따라 위탁경영 ⑨ 농작업을 1년 중 30일 이상 직접 종사

🏠 대리경작

지정	시장·군수 또는 구청장은 유휴농지에 대하여 그 농지의 소유권자나 임차권자를 대신하여 농작물을 경작할 자(대리경작자)를 직권으로 지정하거나 유휴농지를 경작하려는 자의 신청을 받아 대리경작자를 지정
제외	① 지력의 증진이나 토양의 개량·보전을 위하여 필요한 기간 동안 휴경하는 농지 ② 연작으로 인하여 피해가 예상되는 작목의 경작 또는 재배 전후에 지력의 증진 또는 회복을 위하여 필요한 기간 동안 휴경하는 농지 ③ 농지전용허가를 받거나 농지전용신고를 한 농지 및 농지전용협의를 거친 농지 ④ 농지의 타용도 일시사용허가를 받거나 일시사용신고를 하거나 협의를 거친 농지
절차	① 대리경작기간: 대리경작 기간은 따로 정하지 아니하면 3년으로 한다. ② 토지사용료의 지급: 대리경작자는 수확량의 100분의 10을 대리경작농지에서 경작한 농작물의 수확일부터 2월 이내에 그 농지의 소유권자나 임차권자에게 토지사용료로 지급하여야 한다.

🏠 임대차·사용대차

허용	① 국가나 지방자치단체가 농지를 소유한 경우 ② 질병, 징집, 취학, 선거에 따른 공직취임, 부상으로 3월 이상의 치료 ③ 교도소·구치소 또는 보호감호시설에 수용 중인 경우, 3월 이상 국외여행 ④ 60세 이상인 사람으로서 자기의 농업경영에 이용한 기간이 5년이 넘은 농지를 임대·무상사용하는 경우 ⑤ 소유하고 있는 농지를 주말·체험영농을 하려는 자에게 임대하거나 무상사용 ⑥ 주말·체험영농을 하려는 자에게 임대하는 것을 업(業)으로 하는 자에게 임대하거나 무상사용 ⑦ 자경 농지를 농림축산식품부장관이 이모작을 위하여 8개월 이내로 임대하거나 무상사용
종료	농지를 정당한 사유 없이 농업경영에 사용하지 아니할 때에는 시장·군수 또는 구청장이 임대차 또는 사용대차의 종료를 명할 수 있다.
계약	① 서면계약 ② 대항력(등기가 없는 경우 시·구·읍·면의 장의 확인) ③ 임대 농지의 양수인은 임대인의 지위를 승계
기간	① 임대차 기간은 3년 이상 ② 다년생식물 재배지·비닐하우스 설치 농지: 5년 이상 ③ 임대차 기간을 정하지 아니하거나 3년보다 짧은 경우에는 3년으로 약정 ④ 임대인은 질병, 징집, 취학 등 불가피한 사유가 있는 경우에는 임대차 기간을 3년 미만으로 약정

🏠 농업진흥지역(시·도지사 지정)

농업진흥구역	농업보호구역
① 농지조성사업 또는 농업기반정비사업이 시행되었거나 시행 중인 지역으로서 농업용으로 이용하고 있거나 이용할 토지가 집단화되어 있는 지역 ② 이외의 지역으로서 농업용으로 이용하고 있는 토지가 집단화되어 있는 지역	농업진흥구역의 용수원 확보, 수질 보전 등 농업 환경을 보호하기 위하여 필요한 지역

농지전용

허가(농림축산식품부장관)	신고(시·군·구청장)
① 다른 법률에 따라 농지전용허가가 의제되는 협의를 거쳐 농지를 전용하는 경우 ② 「국토의 계획 및 이용에 관한 법률」에 따른 도시지역 또는 계획 관리지역에 있는 농지로서 농지전용협의를 거친 농지나 협의 대상에서 제외되는 농지를 전용하는 경우 ③ 농지전용신고를 하고 농지를 전용하는 경우	① 농업인 주택, 어업인 주택, 농축산업용 시설(농지의 개량시설과 농축산물 생산시설은 제외), 농수산물 유통·가공시설 ② 어린이놀이터·마을회관 등 농업인의 공동생활 편의시설 ③ 농수산 관련 연구시설과 양어장·양식장 등 어업용시설

- 필요적 취소: 허가를 받은 자가 관계 공사의 중지 등 조치명령을 위반한 경우
- 타용도 일시사용: 시·군·구청장

농업보호구역 행위제한

소득증대 시설	특 례
① 주말농원사업: 3천m² 미만 ② 태양에너지 발전설비: 1만m² 미만 ③ 관광농원사업: 2만m² 미만	① 한 필지의 토지가 농업진흥구역과 농업보호구역에 걸쳐 있으면서 농업진흥구역에 속하는 토지 부분이 330m² 이하: 농업보호구역에 관한 규정을 적용 ② 한 필지의 토지 일부가 농업진흥지역에 걸쳐 있으면서 농업진흥지역에 속하는 토지 부분의 면적이 330m² 이하: 농업진흥구역 및 농업보호구역을 적용하지 아니한다.

농지보전부담금

의무자	가산금
① 농지전용허가·신고를 받고 전용하려는 자 ② 농지전용협의를 거친 지역 예정지 또는 시설 예정지에 있는 농지를 전용하려는 자 ③ 농지전용에 관한 협의를 거친 구역 예정지에 있는 농지·농지전용협의를 거친 농지를 전용하려는 자	농림축산식품부장관은 농지보전부담금을 내야 하는 자가 납부기한까지 부담금을 내지 아니한 경우에는 납부기한이 지난날부터 체납된 농지보전부담금의 100분의 3에 상당하는 금액을 가산금으로 부과한다.

농지위원회 등

농지위원회(시·구·읍·면)	농지대장
① 농지위원회는 위원장 1명을 포함한 10명 이상 20명 이하의 위원으로 구성하며 위원장은 위원 중에서 호선 ② 농지위원회의 효율적 운영을 위하여 필요한 경우에는 각 10명 이내의 위원으로 구성되는 분과위원회를 둘 수 있다.	시·구·읍·면의 장은 농지 소유 실태와 농지 이용 실태를 파악하여 이를 효율적으로 이용하고 관리하기 위하여 농지대장을 작성하여 갖추어 두어야 한다. ▶ 필지별 작성, 10년간 보존

V. 도시개발법

🔼 수 립

계획 ⇨ 수립
① 도시개발구역을 지정하는 자(지정권자)는 도시개발구역을 지정하려면 해당 도시개발구역에 대한 도시개발사업의 계획(개발 계획)을 수립하여야 한다.
② 개발계획내용: 명칭, 위치, 시행자, 시행방식, 인구수용계획, 토지이용계획, 교통처리계획, 환경보전계획, 원형지 공급 개발 방향, 보건의료시설 및 복지시설의 설치계획, 재원조달계획

지정 ⇨ 계획
① 개발계획을 공모시, 자연녹지지역, 도시지역 외의 지역
② 주거지역·상업지역·공업지역·생산녹지지역이 도시개발구역 지정면적의 100분의 30 이하인 경우
③ 국토교통부장관이 지역균형발전을 위하여 관계 중앙행정기관의 장과 협의하여 도시개발구역으로 지정하려는 지역(자연환경보전지역은 제외)

기 준
① 국토교통부장관(작성기준)
② 330만㎡ 이상 개발계획을 수립할 때에는 주거, 생산, 교육, 유통, 위락 등의 기능이 서로 조화를 노력

동의자 수 산정
① 국·공유지를 포함
② 토지 소유권을 여럿이 공유(대표 공유자 1명)
③ 동의를 철회시 동의자 수 제외
④ 변경시 기존 토지 소유자의 동의서를 기준으로 할 것

🔼 지정권자

원 칙	특별시장·광역시장·특별자치도지사·도지사 또는 대도시 시장
국토교통부 장관	① 국가가 도시개발사업을 실시할 필요 ② 관계 중앙행정기관의 장(장관)이 요청 ③ 공공기관의 장(공사) 또는 정부출연기관(공단)의 장이 30만㎡ 이상으로서 국가계획과 밀접한 관련이 있는 도시개발구역의 지정을 제안하는 경우 　↳ 지방공사는 국·장에게 제안 ✕ ④ 시·도지사 또는 대도시 시장의 협의가 성립되지 아니하는 경우 ⑤ 천재지변 등 긴급하게 할 필요

지정제안

제안권자	① 사업시행자(국가나 지방자치단체 및 조합을 제외)는 특별자치도지사, 시장·군수·구청장에게 제안 ② 공공기관의 장 또는 정부출연기관의 장은 30만㎡ 이상으로서 국가계획과 밀접한 관련이 있는 경우 국토교통부장관에게 직접 도시개발구역의 지정을 제안
제안동의	토지 소유자, 민간사업시행자(조합은 제외)가 도시개발구역의 지정을 제안하려는 경우에는 대상 구역 토지면적의 3분의 2 이상에 해당하는 토지 소유자(지상권자 포함)의 동의
동 의	제안을 받은 국토교통부장관·특별자치도지사·시장·군수 또는 구청장은 제안내용의 수용 여부를 1개월 이내에 제안자에게 통보(연장 1개월 이내의 범위)
지정규모	① 도시: 주거지역, 상업지역, 생산·자연녹지지역(1만㎡ 이상), 공업지역(3만㎡ 이상) ② 비도시: 원칙(30만㎡ 이상), 초등학교용지 + 4차로(10만㎡ 이상) ③ 분할: 1만㎡ 이상

지정절차

공청회	국토교통부장관, 시·도지사, 시장·군수 또는 구청장은 면적이 100만㎡ 이상인 경우에는 공람기간이 끝난 후에 공청회를 개최(14일 전까지 1회 이상 공고)
협의·심의	① 중앙도시계획위원회 또는 지방도시계획위원회의 심의 ② 도시개발구역 면적이 50만㎡ 이상인 경우 국토교통부장관과 협의
지정·고시	① 지정권자는 관보나 공보에 고시하고, 특별자치도지사·시장·군수 또는 구청장은 관계 서류를 14일 이상 일반인에게 공람(변경하는 경우에도 또한 같다) ② 도시개발구역이 지정·고시된 경우 도시지역과 지구단위계획구역으로 결정되어 고시 간주(다만, 도시지역 외의 지역에 지정된 지구단위계획구역 및 취락지구로 지정된 지역인 경우는 제외) ③ 지형도면의 고시는 도시개발사업의 시행기간에 할 수 있다.
지정해제 (다음 날)	개발계획(2년), 실시계획(3년), 330만㎡ 이상(5년)
시행자변경	① 2년 이내에 사업을 착수하지 아니하는 경우 ② 인가가 취소된 경우 ③ 부도·파산 ④ 전부를 환지 방식 1년 이내에 실시계획의 인가를 신청하지 아니하는 경우(연장이 불가피한 경우 6개월의 범위에서 연장)

개발행위

허가대상	허가예외
① 건축물(가설건축물 포함)의 건축, 대수선 또는 용도 변경 ② 공작물의 설치 ③ 토지의 형질변경: 절토·성토·정지·포장 등의 방법으로 토지의 형상을 변경하는 행위, 토지의 굴착 또는 공유수면의 매립 ④ 토석의 채취 ⑤ 토지분할 ⑥ 옮기기 쉽지 아니한 물건을 1개월 이상 쌓아놓는 행위 ⑦ 죽목(竹木)의 벌채 및 식재	① 재난 수습에 필요한 응급조치(1개월 이내 신고 규정 ×) ② 농림수산물의 생산에 직접 이용되는 간이공작물의 설치 ③ 경작을 위한 토지의 형질변경 ④ 개발에 지장을 주지 아니하고 자연경관을 훼손하지 아니하는 범위에서의 토석채취 ⑤ 도시개발구역에 남겨두기로 결정된 대지에서 물건을 쌓아놓는 행위 ⑥ 관상용 죽목의 임시식재(경작지에서의 임시식재는 제외)

도시개발조합

설립인가	① 토지 소유자 7명 이상 ② 면적의 3분의 2 이상에 해당하는 토지소유자 + 토지소유자 총수의 2분의 1 이상의 동의(인가) ③ 주된 사무소의 소재지를 변경·공고방법을 변경(신고) ④ 국·공유지를 포함 ⑤ 조합 설립인가의 신청 전에 동의를 철회시 동의자 수에서 제외
법인격	① 조합은 법인 ② 설립등기(주된 사무소의 소재지에서 등기를 하면 성립) ③ 이 법으로 규정한 것 외에는 「민법」 중 사단법인에 관한 규정을 준용
조합원	① 조합원은 도시개발구역의 토지 소유자(동의여부 불문)로 한다. ② 보유토지의 면적과 관계없는 평등한 의결권

조합임원	① 조합장 1명, 이사와 감사
	② 조합의 임원은 의결권을 가진 조합원
	③ 조합장은 조합(조합장 또는 이사의 자기를 위한 조합과의 계약이나 소송에 관하여는 감사가 조합을 대표)
	④ 겸직금지
	⑤ 결격사유(다음 날 실효)
	   ㉠ 피성년후견인, 피한정후견인 또는 미성년자
	   ㉡ 파산자
	   ㉢ 금고 이상의 형을 선고받고 그 집행이 끝나거나 집행을 받지 아니하기로 확정된 후 2년이 지나지 아니한 자
	   ㉣ 유예 기간 중에 있는 자

대의원회	① 조합원의 수가 50인 이상인 조합은 총회의 권한을 대행하게 하기 위하여 대의원회를 둘 수 있다. ② 대의원 수: 조합원 총수의 100분의 10 이상으로 하고, 정관에서 정하는 바에 따라 선출한다. ③ 총회권한 대행 ×: ㉠ 정관의 변경 ㉡ 개발계획의 수립 및 변경(실시계획의 수립·변경은 제외) ㉢ 조합임원의 선임 ㉣ 조합의 합병 또는 해산 ㉤ 환지계획의 작성

실시계획(공익사업을 위한 토지 등의 취득 및 보상에 관한 법률: 토지보상법)

작 성	① 실시계획을 작성(지구단위계획 필요적 포함) ② 실시계획에는 설계도서, 자금 계획, 시행 기간 등 서류를 명시하거나 첨부
인 가	① 지정권자의 인가(변경 포함) 경미 ② 경미 예외(시행지역의 변동이 없는 범위에서의 착오·누락 등에 따른 사업시행 면적의 정정, 면적의 100분의 10의 범위에서의 면적의 감소, 사업비의 100분의 10의 범위에서의 사업비의 증감)
시행방식	① 시행방식: 수용·사용(집단적), 환지(효용증진·지가) 또는 혼용방식 ② 시행방식을 변경: ㉠ 개발계획을 변경 ㉡ 공공사업시행자(수용·사용방식과 혼용방식에서 전부 환지방식으로 변경) ③ 조합을 제외한 사업시행자가 수용 또는 사용 방식에서 혼용방식으로 변경
사업시행	① 민간사업시행자(조합은 제외)는 사업대상 토지면적의 3분의 2 이상에 해당하는 토지를 소유 + 소유자 총수의 2분의 1 이상에 해당하는 자의 동의 ② 토지의 세부목록을 고시한 경우에는 「토지보상법」에 따른 사업인정 및 그 고시 준용 ③ 재결신청은 「토지보상법」에도 불구하고 사업의 시행 기간 종료일까지
선수금	① 토지(원형지)를 공급받거나 이용하려는 자로부터 해당 대금의 전부 또는 일부를 미리 받을 수 있다. ② 선수금 지급기준: ㉠ 공공사업시행자 - 토지면적의 100분의 10 이상의 토지에 대한 소유권을 확보(사용동의 포함) ㉡ 민간사업시행자 - 소유권을 확보(저당권을 말소) + 공사 진척률이 100분의 10 이상 + 보증서

원형지와 조성토지

원형지	① 원형지의 면적: 도시개발구역 전체 토지 면적의 3분의 1 이내로 한정 ② 매각제한(국가·지방자치단체 제외): 완료 5년 계약 10년 ③ 해제사유: 미착수, 지연, 매각, 계약내용위반 원형지 개발자에게 2회 이상 시정 요구 후 시정하지 아니한 경우

조성토지	① 경쟁입찰(원칙)
	② 추첨의 방법(㉠ 330m² 이하의 단독주택용지, ㉡ 공장용지, ㉢ 국민주택규모 이하의 주택건설용지, ㉣ 공공택지, ㉤ 수의계약의 방법으로 조성토지를 공급하기로 하였으나 공급 신청량이 공급계획에서 계획된 면적을 초과)
	③ 수의계약(㉠ 학교용지, 공공청사용지 등 일반에게 분양할 수 없는 공공용지를 국가, 지방자치단체, 그 밖의 법령에 따라 해당 시설을 설치할 수 있는 자에게 공급, ㉡ 임대주택 건설용지를 국가나 지방자치단체, 한국토지주택공사 및 주택사업을 목적으로 설립된 지방공사가 단독 또는 공동으로 총지분의 100분의 50을 초과하여 출자한 「부동산투자회사법」에 따른 부동산투자회사에 공급하는 경우, ㉢ 토지상환채권에 의하여 토지를 상환하는 경우, ㉣ 경쟁입찰 또는 추첨의 결과 2회 이상 유찰된 경우)
	④ 공급가격
	  ㉠ 감정가격(경쟁입찰의 경우 최고가격으로 입찰한 자를 낙찰자)
	  ㉡ 감정평가한 가격 이하(특례): 학교, 폐기물처리시설, 공공청사, 사회복지시설, 임대주택

환지계획

환지계획	시행자는 도시개발사업의 전부 또는 일부를 환지 방식으로 시행하려면 다음사항이 포함된 환지 계획을 작성(① 환지설계, ② 환지 명세, ③ 청산대상토지 명세, ④ 체비지·보류지의 명세, ⑤ 입체 환지용 건축물의 명세와 공급 방법·규모에 관한 사항)
작성기준	종전의 토지와 환지의 위치·지목·면적·토질·수리·이용 상황·환경, 그 밖의 사항을 종합적으로 고려
환지 방식구분	① 평면 환지(토지에 이전하는 방식) ② 입체 환지(구분건축물에 이전)
면적식 환지 기준	① 토지부담률의 기준: 토지부담률은 50%를 초과할 수 없다(토지 소유자 총수의 3분의 2 이상이 동의한 경우에는 60%를 초과) ② 도로부지의 부담: 너비 25m 이상의 간선도로는 토지 소유자가 도로의 부지를 부담, 관할 지방자치단체가 공사비를 보조하여 건설

환지지정

환지 부지정	토지 소유자가 신청하거나 동의하면 해당 토지의 전부 또는 일부에 대하여 환지를 정하지 아니할 수 있다. 다만, 해당 토지에 관하여 임차권자등이 있는 경우에는 그 동의를 받아야 한다.
증환지	① 면적이 작은 토지는 과소토지가 되지 아니하도록 면적을 늘려 환지 ② 환지 대상에서 제외
감환지	면적이 넓은 토지는 그 면적을 줄여서 환지를 정할 수 있다(제외 불가).
입체환지	① 입체환지의 신청(동의 ×) ② 대상 제외: 입체 환지를 신청하는 자의 종전 소유 토지 및 건축물의 권리가액이 도시개발사업으로 조성되는 토지에 건축되는 구분건축물의 최소 공급 가격의 100분의 70 이하를 제외할 수 있다. ③ 신청기간: 통지한 날부터 30일 이상 60일 이하로(20일의 범위에서 그 신청기간을 연장)
환지 예정지	① 원칙: 환지예정지의 사용·수익[처분 ×] ② 체비지: 비용을 충당하기 위하여 이를 사용 또는 수익하게 하거나 처분할 수 있다.
환지처분의 효과	① 환지의 효력: 공고된 날이 끝나는 때에 소멸, 공고된 날의 다음 날에 공유지분을 취득, 공고된 날의 다음 날에 해당 소유권을 취득(이미 처분된 체비지는 이전 등기를 마친 때에 소유권을 취득) ② 행정상·재판상 처분은 영향을 미치지 아니한다. ③ 지역권: 도시개발구역의 토지에 대한 지역권은 종전의 토지에 존속(공고된 날이 끝나는 때에 소멸)
환지등기	① 촉탁·신청: 14일 이내 ② 타등기의 제한: 환지처분이 공고된 날부터 환지등기가 있는 때까지는 다른 등기를 할 수 없다.
청산금	① 청산금은 환지처분이 공고된 날의 다음 날에 확정된다. ② 분할징수·교부 ③ 강제징수 ④ 위탁징수 ⑤ 소멸시효(5년)

채권비교

토지상환채권

① 발행자: 모든 시행자는 토지 소유자가 원하면 토지등의 매수 대금의 일부를 채권지급
② 발행규모: 면적의 2분의 1을 초과하지 아니하도록 하여야 한다.
③ 지급보증: 민간사업시행자는 지급보증을 받은 경우에만 토지상환채권을 발행
④ 발행승인: 미리 지정권자의 승인을 받아야 한다.
⑤ 발행이율: 발행자가 정한다.
⑥ 발행방법: 기명식(記名式) 증권
⑦ 이전과 대항력: 취득자의 성명과 주소가 토지상환채권에 기재되지 아니하면 대항 ×
⑧ 질권의 대항력: 성명과 주소가 토지상환채권원부에 기재되지 아니하면 대항 ×

도시개발채권

① 발행자: 시·도지사
② 발행승인권자: 행정안전부장관
③ 발행방법: 무기명
④ 발행이율: 조례
⑤ 상환기간: 5년부터 10년까지의 범위
⑥ 소멸시효: 원금은 5년, 이자는 2년
⑦ 도시개발채권의 매입의무자(㉠ 수용 또는 사용방식으로 시행하는 도시개발사업의 경우 공공사업시행자와 공사의 도급계약을 체결하는 자, ㉡ 공공사업시행자 외에 도시개발사업을 시행하는 자, ㉢ 개발행위허가 중 토지의 형질변경허가를 받은 자)
⑧ 보관의무: 5년간 따로 보관
⑨ 도시개발채권의 중도상환: ㉠ 귀책사유 없이 취소, ㉡ 도급계약이 취소된 경우, ㉢ 착오매입, ㉣ 초과매입

VI. 도시 및 주거환경정비법

정비사업

구 분	의 의	토지등소유자
주거환경개선	저소득 주민 + 정비기반시설 극히 열악 + 노후건축물 과도밀집	토지소유자, 건축물소유자, 지상권자
재개발	정비기반시설 열악 + 노후건축물 밀집	토지소유자, 건축물소유자, 지상권자
재건축	정비기반시설 양호 + 노후건축물 공동주택밀집	건축물 및 그 부속 토지소유자(지상권자 ×)

기반시설

정비기반시설	도로·상하수도·공원·공용주차장·공동구·녹지·하천·공공공지·광장·소방용수·비상대피·가스공급·지역난방시설
공동이용시설	놀이터·마을회관·공동작업장·공동구판장·세탁장·화장실 및 수도 또는 탁아소·어린이집·경로당·노유자시설(유치원 ×)

🔺 계 획

기본계획	① 수립권자: 특, 광, 특, 특, 시장 ② 시장(대도시 시장 제외): 도지사 승인 ③ 작성기준: 국장 ④ 10년 단위 수립. 5년마다 타당성 검토 ⑤ 내용: 주거지관리계획, 건폐율·용적률 등에 관한 건축물의 밀도계획, 세입자에 대한 주거안정대책.
정비계획	① 정비계획의 입안제안: 토지소유자 ⇨ 입안권자 ② 정비계획의 입안절차: 주민설명회 ⇨ 주민공람(30일 이상) ⇨ 지방의회 의견청취 ⇨ 정비구역 지정권자 직접입안 ③ 정비계획의 지정신청: 구청장, 광역시 군수 입안 ⇨ 특별시장, 광역시장 ④ 내용: 정비구역 및 그 면적, 건축물의 주용도·건폐율·용적률·높이에 관한 계획, 세입자 주거 대책

정비구역	① 지정권자: 특, 광, 특, 특, 시장 또는 군수
	② 효과: 지구단위계획구역 및 지구단위계획 의제
	③ 개발행위허가: 건축물의 건축(대수선 제외), 공작물설치, 토지의 형질변경, 토석의 채취, 토지분할, 물건쌓기(1월 이상), 죽목의 벌채 및 식재(경작지 임시식재)
	  ⌐ 허가 ✕: 재해복구·응급조치(신고 ✕), 간이공작물 설치, 경작을 위한 토지의 형질변경, 자연 경관손상 ✕ 토석채취, 존치결정 된 대지 안에 물건 쌓기, 관상용 죽목의 임시식재
	④ 기득권 보호: 착수(30일 이내 신고)
	⑤ 정비구역의 해제(다음 날 ✕)
	  ㉠ 추진(2년), 추진 ✕(3년), 토지소유자 등 시행(5년)
	  ㉡ 정비구역 지정 이전의 상태로 환원
	  ㉢ 해제된 정비구역은 주거환경개선구역으로 지정 가능
	  ㉣ 조합설립인가 취소

🔺 정비사업 시행자 등

구 분	시행방법	시행자
주거환경 개선	① 스스로 보전·개량방법 ② 수용방식 ③ 환지방식 ④ 관리처분계획 ⑤ 혼용방식	① 시장·군수가 직접시행(조합 ✕) ② 시장·군수 등이 주택공사 등을 사업자로 지정 ③ 시장·군수 등이 주택공사와 건설업자 등을 공동사업자로 지정
재개발	① 환지방식 ② 관리처분계획	① 조합단독시행 ② 토지등소유자가 시행: 토지등소유자가 20인 미만 ③ 토지등소유자나 조합원 과반수의 동의를 받아 시장·군수·주택공사, 건설업자, 등록사업자, 신탁업자, 한국부동산원과 공동시행
재건축	관리처분계획	① 조합단독시행 ② 조합이 조합원 과반수의 동의를 받아 시장·군수·주택공사, 건설업자, 등록사업자와 공동시행(신탁업자·한국부동산원 ✕)

정비조합

구 성	① 정비구역지정 고시 후 토지등소유자 과반수 동의를 얻어 추진위 구성 ② 위원장 포함 5명 이상 추진위원회 위원(감사 ○, 이사 ×) ③ 시장·군수등 승인 　↳ 주민대표회의(5~25명 이하)
설립인가	① 주택재개발사업(총회 조합원 2/3 이상 찬성): 토지등소유자 3/4 이상 + 면적 1/2 이상 ② 주택재건축사업 　㉠ 주택단지 안(총회 조합원 2/3 이상 찬성) 동별: 구분소유자 과반수 동의 + 전체 구분소유자 70/100 이상 + 면적 70/100 이상 　㉡ 주택단지 아닌 지역: 토지 또는 건축물소유자 3/4 이상 + 면적 2/3 이상
조합원	① 토지등소유자(재건축: 동의자에 한함) ② 이전하는 공공기관이 소유하는 토지, 건축물을 양수한 자
지위양도	① 원칙: 양도·증여·판결 등 권리이전 ② 예외: 투기과열지구(재건축: 조합설립인가 후, 재개발: 관리처분계획인가 후) 　⇨ 상속, 이혼 제외
조합임원	① 조합장 1명, 감사(1~3명 이하), 이사(3명 이상) − 토지소유자 100인 초과(이사 5명 이상) ② 조합장 또는 이사의 자기를 위한 조합과의 계약이나 소송에 관하여 감사가 조합대표 ③ 겸직금지(다른 조합임원·직원 ×) ④ 임기: 3년 이하(연임가능) ⑤ 임원의 결격사유: 미성년자, 파산자, 본법위반: 벌금 100만원 이상 + 10년 지나지 아니한 자 등 ⑥ 퇴임: 결격사유에 해당하면 당연퇴임 ⑦ 퇴임 전 행위: 효력을 잃지 아니한다(유효). ⑧ 대의원회를 두어야 한다(100인 이상). ⇨ 조합장이 아닌 조합임원 대의원 ×

주민대표회의

조 직	주민대표회의는 위원장을 포함하여 5명 이상 25명 이하로 구성한다(위원장과 부위원장 각 1명과 1명 이상 3명 이하 감사).
절 차	① 주민대표회의는 토지등소유자의 과반수의 동의 ② 주민대표회의 또는 세입자(상가세입자를 포함)는 사업시행자 의견을 제시: 건축물의 철거, 주민의 이주(세입자의 퇴거에 관한 사항을 포함), 토지 및 건축물의 보상(세입자에 대한 주거이전비 등 보상에 관한 사항을 포함), 정비사업비의 부담, 세입자에 대한 임대주택의 공급 및 입주자격 ③ 주민대표회의의 운영, 비용부담, 위원의 선임 방법 및 절차 등에 필요한 사항: 대통령령

🔺 사업시행계획 인가

인가(예외 : 신고)	사업시행계획서
① 정비사업비를 10%의 범위에서 변경하거나 관리처분계획의 인가에 따라 변경하는 때 ② 대지면적을 10%의 범위에서 변경하는 때	① 토지이용계획(건축물배치계획을 포함) ② 임대주택의 건설계획(재건축사업 제외) ③ 국민주택규모 주택의 건설계획(주거환경개선사업 제외) ④ 교육시설의 교육환경 보호에 관한 계획(정비구역부터 200m 이내에 교육시설이 설치되어 있는 경우로 한정)

🔺 정비사업의 시행

순환정비 방식	사업시행자는 정비구역의 안과 밖에 새로 건설한 주택 또는 이미 건설되어 있는 주택의 경우 그 정비사업의 시행으로 철거되는 주택의 소유자 또는 세입자(정비구역에서 실제 거주하는 자로 한정)를 임시로 거주하게 하는 등 그 정비구역을 순차적으로 정비하여 주택의 소유자 또는 세입자의 이주대책을 수립
임시거주 시설	사업시행자는 주거환경개선사업 및 재개발사업의 시행으로 철거되는 주택의 소유자 또는 세입자에게 해당 정비구역 안과 밖에 위치한 임대주택 등의 시설에 임시로 거주하게 하거나 주택자금의 융자를 알선하는 등 임시거주에 상응하는 조치를 하여야 한다.
원상회복	사업시행자는 정비사업의 공사를 완료한 때에는 완료한 날부터 30일 이내에 임시거주시설을 철거하고, 사용한 건축물이나 토지를 원상회복하여야 한다.
임시상가 설치	재개발사업의 사업시행자는 사업시행으로 이주하는 상가세입자가 사용할 수 있도록 정비구역 또는 정비구역 인근에 임시상가를 설치할 수 있다.
정비비 예치	시장·군수 등은 재개발사업의 사업시행계획인가를 하는 경우 해당 정비사업의 사업시행자가 지정개발자(지정개발자가 토지등소유자인 경우로 한정)인 때에는 정비사업비의 100분의 20의 범위에서 시·도조례로 정하는 금액을 예치하게 할 수 있다.
배 제	주거환경개선사업에 따른 건축허가를 받은 때와 부동산등기(소유권 보존등기 또는 이전등기로 한정)를 하는 때에는 「주택도시기금법」 국민주택채권의 매입에 관한 규정을 적용하지 아니한다.

🔺 관리처분

분양공고

① 분양공고: 분양대상자별 종전의 토지 또는 건축물의 명세 및 사업시행계획인가의 고시가 있은 날을 기준으로 한 가격, 분양대상자별 분담금의 추산액, 분양신청기간
② 분양신청기간은 통지한 날부터 30일 이상 60일 이내로 하여야 한다. 다만, 분양신청기간을 20일의 범위에서 한 차례만 연장할 수 있다.
③ 손실보상의 협의: 사업시행자는 관리처분계획이 인가·고시된 다음 날부터 90일 이내
④ 사업시행자는 손실보상의 협의가 성립되지 아니하면 그 기간의 만료일 다음 날부터 60일 이내에 수용재결을 신청하거나 매도청구소송을 제기

관리처분계획인가

① 사업시행자는 분양신청기간이 종료된 때에는 분양신청의 현황을 기초로 관리처분계획을 수립(변경·중지 또는 폐지 포함)하여 시장·군수 등의 인가를 받아야 한다.
② 계산착오·오기·누락 등에 따른 조서의 단순정정인 경우(불이익을 받는 자가 없는 경우만 해당) 등 경미한 경우에는 시장·군수 등에게 신고하여야 한다.

🔺 기 준

관리처분계획 수립기준	주택공급기준
① 원칙: 종전의 토지 또는 건축물의 면적·이용 상황·환경, 그 밖의 사항을 종합적으로 고려 ② 증환지·감환지: 지나치게 좁거나 넓은 토지 또는 건축물은 넓히거나 좁혀 대지 또는 건축물이 적정 규모 ③ 환지부지정: 너무 좁은 토지 또는 건축물이나 정비구역 지정 후 분할된 토지를 취득한 자에게는 현금으로 청산	① 1주택만 공급(원칙): 1세대 또는 1명이 하나 이상의 주택 또는 토지를 소유한 경우, 2명 이상이 주택 또는 1토지를 공유한 경우 ② 2주택 공급: 2주택을 공급할 수 있고, 이 중 1주택은 주거전용면적을 60m² 이하 ③ 3주택까지 공급: 과밀억제권역에 위치

🔺 공사완료

정비구역해제	① 정비구역의 지정은 준공인가의 고시가 있는 날(관리처분계획을 수립하는 경우에는 이전·고시가 있는 때를 말함)의 다음 날에 해제된 것으로 본다. ② 정비구역의 해제는 조합의 존속에 영향을 주지 아니한다.
효 과	① 대지 또는 건축물을 분양받을 자는 이전·고시가 있는 날의 다음 날에 그 대지 또는 건축물의 소유권을 취득한다. ② 사업시행자는 이전·고시가 있는 때에는 지체 없이 대지 및 건축물에 관한 등기를 지방법원지원 또는 등기소에 촉탁 또는 신청하여야 한다(개발법: 14일). ③ 정비사업에 관하여 이전·고시가 있는 날부터 등기가 있을 때까지는 저당권 등의 다른 등기를 하지 못한다.
청산금	① 분할징수·지급가능 ② 소멸시효(소유권 이전 고시일 다음 날부터 5년) ③ 물상대위

박문각 공인중개사

- 국토의 계획 및 이용에 관한 법률
- 건축법
- 주택법
- 농지법
- 도시개발법
- 도시 및 주거환경정비법

CHAPTER 02

중요테마 + 100제

Chapter 02 중요테마 + 100제

Thema 01 행정기관

1. 장관은 중앙행정기관이다.
   - 부동산(국토교통부장관), 수산(해양수산부장관), 농지(농림축산식품부장관), 행정(행정안전부장관), 국방(국방부장관), 환경(환경부장관)
2. 특별시장(자치구), 광역시장(자치구·자치군), 특별자치시장, 특별자치도지사, 도지사(시장·군수)는 지방행정기관이다.
3. **특별시장·광역시장·특별자치시장·특별자치도지사·도지사**: 시·도지사
4. **특별시장·광역시장·특별자치시장·특별자치도지사·시장·군수**: 시·군수(6짱 − 대지)
5. **특별자치시장·특별자치도지사·시장·군수·구청장**: 시·군·구청장(건축물)
6. 기준(표본, 시범도시)은 오직 장관이 세우는 것이 원칙이다.
7. 장관은 중앙위원회와 심의하고, 지방은 지방위원회와 심의한다.
   - 국가·똘마니(국·똘): 국가, 지방자치단체, ~공사 등 공공기관 모두 포함
   - 공익사업을 위한 토지 등의 취득 및 보상에 관한 법률 − 토지보상법

Ⅰ. 국토의 계획 및 이용에 관한 법률

Thema 02 국토계획법 용어정의

1. 국토의 계획 및 이용에 관한 법률은 계획 후 이용을 하자는 법률이다.
2. 계획은 추상적 계획과 구체적 계획으로 구분
3. 추상적 계획은 광역도시계획과 도시·군기본계획으로 구분한다.
4. 구체적 계획은 도시·군관리계획 뿐이다.
5. 광역도시계획은 2개 이상 지역이 세우는 계획
6. 도시·군기본계획은 1개 지역이 세우는 계획
7. 1개의 지역이 세우는 완성 계획을 도시·군계획(도시·군기본계획＋도시·군관리계획)이라 한다.
8. 지방계획보다 국가계획이 우선하고, 도시·군기본계획보다 광역도시계획이 우선
9. 용도지역은 이름, 용도지구는 별명, 용도구역은 사회적 지위로 구분한다.
10. 도시·군계획사업은 3개(도시·군계획시설사업, 도시개발사업, 정비사업) 뿐이다.

01 국토의 계획 및 이용에 관한 법령상의 용어에 관한 설명으로 옳은 것은 모두 몇 개인가?

㉠ 도시·군기본계획은 특별시·광역시·특별자치시·특별자치도·시 또는 군(광역시의 관할구역에 있는 군은 포함)의 관할구역에 대하여 기본적인 공간구조와 장기 발전방향을 제시하는 종합계획을 말한다.
㉡ 도시·군관리계획을 시행하기 위한 도시개발법에 따른 개발사업은 도시·군계획 사업에 포함되지 않는다.
㉢ 기반시설의 설치·정비 또는 개량에 관한 계획은 도시·군관리계획으로 결정한다.
㉣ 성장관리계획이란 지구단위구역에서의 난개발을 방지하고 계획적인 개발을 유도하기 위하여 수립하는 계획을 말한다.
㉤ 지구단위계획은 도시·군계획수립 대상지역의 일부에 대하여 토지이용을 합리화하고, 해당 지역을 체계적·계획적으로 관리하기 위하여 수립하는 도시·군기본계획이다.

① 1개 ② 2개 ③ 3개
④ 4개 ⑤ 5개

Thema 03 광역도시계획

1. 지정권자(국토교통부장관, 도지사)만 지정할 수 있다.
2. 추상적 계획(주민비구속, 주민공청회)이다.
3. 수립권자(2인 이상 – 시·도지사, 시장·군수)
   국가계획(국토교통부장관)
   단, 3년이 지날 때까지 승인신청하지 않으면 지정권자가 수립: 수립하여야 한다.
4. **공동수립(지정권자+수립권자), 단독수립(도지사)**: 수립할 수 있다.
5. **승인권자(조정권자)는 오직 1명**: 지정권자(국토교통부장관, 도지사)
6. 기초조사(5년)
7. **기초조사·공청회**: 생략 불가능
8. 공고는 지역의 지방자치단체장인 수립권자(국토교통부장관 제외)가 공보에 각각 개별적으로 한다.
9. 도시·군기본계획보다 광역도시계획이 우선
10. 재검토 규정은 없다.

---

02 국토의 계획 및 이용에 관한 법령상 광역도시계획에 관한 설명으로 옳은 것은 모두 몇 개인가?

> ㉠ 광역계획권이 둘 이상의 시·도의 관할구역에 걸쳐 있는 경우에는 관할 도지사가 공동으로 광역계획권을 지정하여야 한다.
> ㉡ 국토교통부장관은 광역도시계획을 수립하려는 경우 주민공청회는 생략할지라도 관계 전문가에게는 의견을 들어야 한다.
> ㉢ 국가계획과 관련된 광역도시계획의 수립이 필요한 경우 국토교통부장관이 광역도시계획을 수립한다.
> ㉣ 광역계획권이 둘 이상의 시·도의 관할구역에 걸쳐 있는 경우에는 국토교통부장관이 광역도시계획을 수립한다.
> ㉤ 도지사가 시장·군수의 조정신청을 받아 광역도시계획의 내용을 조정하는 경우 중앙도시계획위원회의 심의를 거쳐야 한다.

① 1개 ② 2개 ③ 3개
④ 4개 ⑤ 5개

Thema 04 도시·군기본계획(생활권계획 포함)

1. 지정권자가 절대 있을 수 없다.
2. 기준과 협의 빼고 장관 절대 나오지 않는다.
3. 송부와 승인 빼고 도지사 절대 나오지 않는다.
4. 추상적 계획(주민비구속, 주민공청회)이다.
5. **수립권자**
   원칙: 시·군(6짱) 수립하여야 한다.
   예외: ① 광역도시계획이 관할구역 전부수립＋도시·군기본계획 내용 모두 포함: 수립하지 아니할 수 있다.
   ② 수도권에 속하지 않고＋광역시와 경계를 같이하지 아니한＋인구 10만명 이하인 시·군은 수립하지 아니할 수 있다.
   ③ 연계수립: 인접 시·군 포함 수립할 수 있다.
6. 토지적성평가·재해취약분석(기초조사 생략가능), 공청회(생략불가능)
7. **승인권자**: 수립권자. 단, 시장·군수: 도지사 승인
8. 공고는 지역의 시·군수인 수립권자(국토교통부장관 제외)가 공보에 한다.
9. 도시·군기본계획보다 광역도시계획이 우선
10. 재검토(5년)

➡ 추상적 계획공통숫자: 공청회(14일), 나머지(30일)

03 국토의 계획 및 이용에 관한 법령상 도시·군기본계획에 관한 설명으로 옳은 것은 모두 몇 개인가?

> ⊙ 시장 또는 군수는 도시·군기본계획의 수립에 필요한 사항으로서 해당 지역의 기후·지형 등 자연적 여건과 기반시설 등에 대하여 조사하거나 측량하여야 한다.
> ⓒ 시장 또는 군수는 지역여건상 필요하다고 인정되더라도 인접한 시 또는 군의 시장 또는 군수와 협의를 거친 후 그 인접한 시 또는 군의 관할구역 일부가 아닌 전부를 포함하는 도시·군기본계획을 수립할 수 없다.
> ⓒ 특별시장·광역시장이 수립한 도시·군기본계획의 승인은 국토교통부장관이 하고, 시장·군수가 수립한 도시·군기본계획의 승인은 도지사가 한다.
> ② 「수도권정비계획법」에 의한 수도권에 속하지 아니하고 광역시와 경계를 같이 하지 않은 인구 9만명인 시 또는 군은 도시·군기본계획을 수립하지 아니하여야 한다.
> ⓜ 국토교통부장관은 5년마다 관할구역의 도시·군기본계획에 대하여 그 타당성 여부를 전반적으로 재검토하여 정비하여야 한다.

① 1개   ② 2개   ③ 3개
④ 4개   ⑤ 5개

Thema 05 도시·군관리계획 절차

1. **구체적 계획(주민구속, 주민의견청취)**
   도시·군관리계획 내용(용도지역·용도지구·용도구역·지구단위·기반시설·도시개발사업·정비사업)
   - 도시·군관리계획 내용 아닌 것: 성장관리계획구역, 개발밀도관리구역, 기반시설부담구역
2. 광역도시계획과 도시·군기본계획에 부합하지 않아도 무효가 아닌 취소·변경사유
3. 입안권자(추상적 계획 수립권자 모두: 자치구청장과 자치군수는 해당안함)·차등입안
4. 주민의 입안제안[기반·지구단위·산업유통·입체복합: 도시·군관리계획,
   도시혁신·복합용도: 공간재구조화계획]
   - 면적동의: 기·입 5분의 4 이상, 나머지 3분의 2 이상(지·산·신·용) – 국·공유지 제외
5. 비용부담(임의적)
6. 추상적 계획 없이 구체적 계획만 입안불가(추상적 계획과 함께 입안)
7. 기초조사(토지적성·재해취약·환경검토)생략 – 경미, 지구단위, 해제, 5년(환경성 검토 제외)
   - 생략사유추가: 토지적성(+개발지역), 환경검토(+전략환경)
8. 주민의견청취(경미생략가능), 의회의견청취(경미·지구생략가능),
   협의·심의(중앙행정기관의 장 요청할 때 기밀생략가능)
9. 결정권자
   ① 시·도지사·대도시 시장
   ② 국토교통부장관(단 수산자원보호구역만 해양수산부장관)
   ③ 시장·군수 – 도지사 승인, 단 지구단위계획 제외
   - 공간재구조화계획 결정권자: 대도시 시장 제외
10. 지형도면 고시한 날(다음 날 ×)
11. **기득권 보호**: ① 사전허가 사업진행, ② 수산자원보호·시가화조정구역(3개월 이내 신고)
12. 재검토(5년)
    - 주민의견청취(14일), 입안제안통보(45일), 주민의견청취통보(60일), 나머지(30일)

04 국토의 계획 및 이용에 관한 법령상 도시·군관리계획에 관한 설명으로 옳은 것은 모두 몇 개인가?

> ㉠ 도시·군관리계획의 입안을 제안 받은 자는 제안자와 협의하여 제안된 도시·군관리계획의 입안 및 결정에 필요한 비용의 전부 또는 일부를 제안자에게 부담시켜야 한다.
> ㉡ 국토교통부장관은 관계 중앙행정기관의 장의 요청이 없어도 국가안전보장상 기밀을 지켜야 할 필요가 있다고 인정되면 중앙도시계획위원회의 심의를 거치지 않고 도시·군관리계획을 결정할 수 있다.
> ㉢ 도시·군기본계획 입안일부터 5년 이내에 토지적성평가를 실시한 경우 등 대통령령으로 정하는 경우에는 토지적성평가를 하지 아니할 수 있다.
> ㉣ 주민이 입안을 제안하고자 하는 경우 기반시설의 설치에 관한 사항은 대상 토지면적의 3분의 2 이상의 동의를 받아야 한다.
> ㉤ 도시·군관리계획의 입안의 제안을 받은 자는 그 처리결과를 제안자에게 제안일부터 30일 이내에 도시·군관리계획 입안에의 반영 여부를 통보하여야 한다.

① 1개 ② 2개 ③ 3개
④ 4개 ⑤ 5개

05 국토의 계획 및 이용에 관한 법령상 도시·군계획에 관한 설명으로 옳은 것은 모두 몇 개인가?

> ㉠ 도시·군기본계획에는 경관에 관한 사항에 대한 정책방향이 포함되어야 한다.
> ㉡ 도시·군계획은 특별시·광역시·특별자치시·특별자치도·시 또는 군(광역시의 관할구역에 있는 군은 제외)의 관할구역에 대하여 수립하는 공간구조와 발전방향에 대한 계획으로서 도시·군기본계획과 도시·군관리계획으로 구분한다.
> ㉢ 개발제한구역의 지정에 관한 도시·군관리계획결정 당시 이미 사업에 착수한 자는 도시·군관리계획 결정에 관계없이 그 사업을 계속할 수 있다.
> ㉣ 지구단위계획구역 안의 나대지 면적이 구역면적의 2%에 미달하는 경우에는 도시·군관리계획에서 기초조사, 환경성 검토, 토지적성평가 또는 재해취약성분석을 하지 아니할 수 있다.
> ㉤ 도시·군관리계획이 광역도시계획 또는 도시·군기본계획에 부합되지 않으면 당연무효가 된다.

① 1개 ② 2개 ③ 3개
④ 4개 ⑤ 5개

Thema 06 용도지역

1. ① 이름(중복안됨) ② 건폐율·용적률·높이·용도제한 ③ 도시·군관리계획 지정(결정)하여야 한다.
2. ① 도시지역
    [주거(전용<1종 2종>, 일반<1종 2종 3종>, 준) / 상업(중심·일반·유통·근린) / 공업(전용·일반·준) / 녹지(보전·생산·자연)]
    ② 관리지역(보전, 생산, 계획)
    ③ 농림지역
    ④ 자연환경보전지역
3. **전용(양호)**: 1종(단독) 2종(공동)
    일반(편리): 1종(저층), 2종(중층), 3종(중·고층)
4. **공업지역**: 전용(중화학), 일반(환경을 저해하지 아니하는), 준(경공업, ~기능보완)
5. 자연녹지(제한적 개발), 계획관리(편입 - 용적률 100% 이하 / 건폐율 40% 이하)
6. 이름이 없으면 가장 보전하는 지역으로 간주한다.
    - 지정 안됨(자연환경보전지역), 도시지역 세분 안됨(보전녹지지역), 관리지역 세분 안됨(보전관리지역)
7. 이름은 원칙적으로 도시·군관리계획으로 정한다.
8. 공유수면은 옆 지역과 목적이 같으면 같은 이름(고시는 따로), 다르면 원칙으로 정한다.
9. 도시지역 간주[어항법 / 항만법 / 산업단지 / 택지 / 전원개발(예정구역 포함)]: 고시도 간주
    - 어·항(도시지역 연접), 산(농공단지 제외), 전예(수력, 송·변전 제외)
    관리지역: 농업진흥지역(농림지역 간주), 보전산지(농림지역 또는 자연환경보전지역 간주)
10. 해제시 종전용도지역으로 환원(개발완료해제시 제외)
11. 아파트는 제1종 주거지역, 유통상업, 전용·일반공업, 녹지, 관리, 농림, 자연환경보전에는 건축불가
12. **도시지역 적용배제**: 접도구역, 농지취득자격증명

06 국토의 계획 및 이용에 관한 법령상 용도지역에 관한 설명으로 옳은 것은 모두 몇 개인가?

> ㉠ 관리지역에서 「농지법」에 따른 농업진흥지역으로 지정·고시된 지역은 이 법에 따른 농림지역으로 결정·고시된 것으로 본다.
> ㉡ 도시지역으로의 편입이 예상되는 지역이나 자연환경을 고려하여 제한적인 이용·개발을 하려는 지역으로서 계획적·체계적인 관리가 필요한 지역은 도시지역 중 자연녹지지역에 해당한다.
> ㉢ 제2종 전용주거지역이란 공동주택 중심의 편리한 주거환경을 보호하기 위하여 필요한 지역을 말한다.
> ㉣ 「항만법」에 따른 항만구역으로서 관리지역에 연접한 공유수면은 도시지역으로 결정·고시된 것으로 본다.
> ㉤ 「산업입지 및 개발에 관한 법률」에 따른 국가산업단지, 농공단지 및 도시첨단산업단지는 도시지역으로 결정·고시된 것으로 본다.

① 1개　　② 2개　　③ 3개
④ 4개　　⑤ 5개

07 국토의 계획 및 이용에 관한 법령상 도시지역 중 건폐율의 최대한도가 낮은 지역부터 높은 지역 순으로 옳게 나열한 것은? (단, 조례 등 기타 강화·완화조건은 고려하지 않음)
① 일반상업지역 - 준공업지역 - 제2종 일반주거지역
② 보전녹지지역 - 유통상업지역 - 준공업지역
③ 계획관리지역 - 준주거지역 - 유통상업지역
④ 전용공업지역 - 중심상업지역 - 제1종 전용주거지역
⑤ 자연녹지지역 - 일반상업지역 - 준주거지역

Thema 07 용도지구

1. ① 별명(중복, 신설가능) ② 도시·군관리계획 지정(결정)할 수 있다.
   ⤷ 방재지구 : 연안침식 또는 우려시 지정(결정)하여야 한다.
2. 용도지역을 강화·완화하기 위해서(안전·경관)
3. 경관(특화·자연·시가지) / 취락(집단·보호·자연) / 개발진흥(특정·주거·산업유통·관광휴양·복합) / 방재(자연·시가지) / 보호(역사·중요·생태계), 고도 / 방재 / 특정 / 복합 / 대통령 지정
4. 고도지구는 최저한도는 없고, 최고한도만 있다.
5. 특화경관지구(보전가치가 큰 건축물), 역사문화환경보호지구(보전가치가 큰 시설) 구분
6. **개발진흥지구** : 특정(~외), 주거, 산업유통(공업＋유통＋물류), 관광·휴양, 복합(2 이상)
7. 집단취락지구(개발제한구역 안), 특정용도제한지구(청소년 보호)
8. 복합용도지구 지정(계획관리지역·일반주거지역·일반공업지역)
9. 건축(행위)제한 원칙은 도시·군계획조례
   예외 : 고(도시·군관리계획)·취(집 : 개발제한구역법, 자 : 국토법시행령)·개(계획)· 방화(건축법)
   ⤷ 자연취락지구 : 4층 이하, 제외 건축물(아파트, 장례시설, 관광휴게시설, 정신병원), 포함 건축물(단독·근린·운동·발전·방송시설·노래연습장)
   ⤷ 관광휴게시설 설치 : 보호취락지구 ○, 자연취락지구 ✕

08 국토의 계획 및 이용에 관한 법령상 용도지구에 관한 설명으로 틀린 것은 모두 몇 개인가?

> ㉠ 주거기능, 공업기능, 유통·물류기능 및 관광·휴양기능 외의 기능을 중심으로 특정한 목적을 위하여 개발·정비할 필요가 있는 용도지구는 특정개발진흥지구이다.
> ㉡ 보호지구는 특화보호지구, 중요시설물보호지구, 생태계보호지구로 세분화 된다.
> ㉢ 시·도지사는 법률에서 정하고 있는 용도지구 외에 새로운 용도지구를 신설할 수 없다.
> ㉣ 고도지구에서는 도시·군계획조례로 정하는 높이를 초과하는 건축물을 건축할 수 없다.
> ㉤ 개발제한구역 안에서만 지정할 수 있는 용도지구는 집단취락지구이다.

① 1개 ② 2개 ③ 3개
④ 4개 ⑤ 5개

09 국토의 계획 및 이용에 관한 법령상 자연취락지구에 건축할 수 있는 건축물이 아닌 것은?

① 노래연습장 ② 도축장
③ 동물병원 ④ 동물화장시설
⑤ 교도소

Thema 08 용도구역

1. ① 사회적 지위(중복) ② 도시·군관리계획 지정(결정)할 수 있다.
2. 용도지역 및 용도지구를 강화·완화하기 위해서(무질서)
3. 수산자원보호구역 지정(해양수산부장관), 개발제한구역 지정(국토교통부장관)
4. **시가화조정 유보기간**: 5년~20년(다음 날 실효)
5. **시가화조정구역 행위제한 예외**: ① 도시·군계획사업(불가피, 중앙행정기관의 장 요청)
   ② 도시·군계획사업 외(허가받고 1차산업, 공용, 증축, 면적 이하)
6. 국방부장관 제한요청은 개발제한구역이다.
7. 도시자연공원구역 지정권자에는 대도시 시장(국토교통부장관 ×)이 포함된다.
8. 도시·군계획시설입체복합구역 – 도시·군관리계획
   도시혁신·복합용도구역 – 공간재구조화계획(대도시 시장 ×)

   입체복합구역(10년 경과, 첨단기술), 도시혁신구역(도심, 국토계획법 따름, 특별건축구역 간주), 복합용도구역(노후, 특별건축구역 간주)

---

10 국토의 계획 및 이용에 관한 법령상 용도구역에 관한 설명으로 옳은 것은 모두 몇 개인가?

> ㉠ 시·도지사는 도시자연공원구역의 변경을 도시·군관리계획으로 결정할 수 있다.
> ㉡ 시가화조정구역의 지정에 관한 도시·군관리계획의 결정은 시가화유보기간이 만료된 날부터 그 효력을 상실한다.
> ㉢ 국방과 관련하여 보안상 도시개발을 제한할 필요가 있을 경우 도시·군관리계획에 의해 개발제한구역을 지정할 수 있다.
> ㉣ 해양수산부장관은 수산자원보호구역의 변경을 도시·군관리계획으로 결정할 수 있다.
> ㉤ 용도구역이란 토지의 이용 및 건축물의 용도·건폐율·용적률·높이 등에 대한 용도지역 및 용도지구의 제한을 강화하거나 완화하여 따로 정함으로써 시가지의 무질서한 확산방지를 위하여 도시·군기본계획으로 결정하는 지역을 말한다.

① 1개 ② 2개 ③ 3개
④ 4개 ⑤ 5개

---

11 국토의 계획 및 이용에 관한 법령상 시가화조정구역에서는 도시·군계획사업의 경우 외 허가를 받아 행위를 할 수 없는 것은?

① 농업·임업 또는 어업을 영위하는 자가 농업·임업 또는 어업용의 건축물의 건축
② 마을공동시설의 설치
③ 기존 건축물의 동일한 용도 및 규모 안에서의 대수선
④ 공익시설의 설치
⑤ 종교시설의 신축(연면적 200%을 초과할 수 없다)

Thema 09 둘 이상 건축물 걸치는 경우

1. **최대연면적**: 곱한 후 두개지역을 더해라.
   예> A지역(대지면적×용적률) + B지역(대지면적×용적률) = 최대연면적
2. 고도지구가 다른 지구와 함께 걸쳐 있으면 건축물과 대지 모두 고도지구를 따른다.
3. 방화지구가 다른 지구와 함께 걸쳐 있으면 건축물만 방화지구를 따른다(단, 방화벽설치 시 각각 적용).
4. 녹지지역이 다른 지역과 함께 걸쳐 있으면 건축물과 대지는 각각 적용한다(단, 녹지지역도 고도·방화지구시에는 2. 3. 따름).

12 국토의 계획 및 이용에 관한 법령상 용도지역·용도지구·용도구역에 관한 설명으로 옳은 것은 모두 몇 개인가?

> ㉠ 용도지역이란 토지의 이용 및 건축물의 용도, 건폐율, 용적률, 높이 등을 제한함으로써 토지를 경제적·효율적으로 이용하고 공공복리의 증진을 도모하기 위하여 서로 중복되지 않게 도시·군관리계획으로 결정하는 지역을 말한다.
> ㉡ 시·도지사 또는 대도시 시장은 일반주거지역·일반공업지역·계획관리지역에 복합용도지구를 지정할 수 있다.
> ㉢ 「도로법」에 따른 접도구역의 법률 규정은 도시지역에도 적용한다.
> ㉣ 하나의 건축물이 방화지구와 그 밖의 용도지역 등에 걸쳐 있는 경우에는 그 전부에 대하여 방화지구의 건축물과 대지에 관한 규정을 적용한다.
> ㉤ 시·도지사 또는 대도시 시장은 연안침식이 진행 중이거나 우려되는 지역에 대해서는 방재지구의 지정 또는 변경을 도시·군계획조례로 결정하여야 한다.

① 1개 ② 2개 ③ 3개
④ 4개 ⑤ 5개

13 A시에 甲이 소유하고 있는 1,000제곱미터의 대지는 제1종 일반주거지역에 800제곱미터, 제3종 일반주거지역에 200제곱미터씩 걸쳐 있다. 甲이 대지 위에 건축할 수 있는 최대연면적이 2,100제곱미터일 때, A시 조례에서 정하고 있는 제1종 일반주거지역의 용적률로 옳은 것은? (단, 조례상 제3종 일반주거지역의 용적률은 250퍼센트이며, 그 밖에 건축제한은 고려하지 않음)

① 100퍼센트 ② 120퍼센트 ③ 150퍼센트
④ 180퍼센트 ⑤ 200퍼센트

14 A시에 소재하고 있는 甲의 대지는 1,200제곱미터로 그림과 같이 준주거지역과 일반상업지역에 걸쳐 있으면서, 도로변에 띠 모양으로 지정된 일반상업지역으로 지정되어 있다. 甲이 대지 위에 하나의 건축물을 건축하고자 할 때, 건축할 수 있는 건축물의 최대 연면적은? (단, A시의 도시·군계획조례상 일반상업지역 용적률은 600퍼센트이며, 준주거지역의 용적률은 400퍼센트이고, 이외의 기타 건축제한은 고려하지 않음)

준주거지역 800제곱미터
일반상업지역 400제곱미터
도로

① 4,500제곱미터　　　② 5,600제곱미터
③ 6,400제곱미터　　　④ 7,200제곱미터
⑤ 8,300제곱미터

Thema 10 | 지구단위계획

1. 계획은 일부에 세우고 지정은 전부 또는 일부, 도시·군관리계획 지정(결정)
2. **도시지역 의무적 지정지역**
   ① 정비구역·택지개발지구(사업종료 10년이 지난 지역)
   ② 시가화조정구역·공원에서 해제(30만m² 이상)
   ③ 녹지지역 ⇨ 주거·상업·공업지역으로 변경(30만m² 이상)
3. **도시지역 외 지정(임의적)**
   ① 계획관리지역(50% 이상)+보전·생산관리지역
   ② 개발진흥지구: 주거계획(계획관리지역), 산업·유통(보전지역 제외), 관광·휴양(모든지역)
4. **포함내용**: 필요적 포함(건폐율, 용적률, 높이, 용도제한, 기반시설), 임의적 포함(건축선 등)
5. **완화(강화 ×)**
   ① 도시지역: 건폐율(150% 초과 금지), 용적률(200% 초과 금지), 높이(120% 이내), 주차장(100%)
   ② 비도시지역: 건폐율(150% 이내), 용적률(200% 이내)
6. 지구단위계획에 맞게 건축(가설건축물은 제외)
7. **실효**: 원칙(고시일부터 3년 다음 날), 주민입안제안(5년 다음 날+환원)
   ☞ 도시혁신·복합용도지역 실효: 지구단위 실효와 동일

15 국토의 계획 및 이용에 관한 법령상 지구단위계획에 관한 설명으로 옳은 것은 모두 몇 개인가?

> ⊙ 국토교통부장관, 시·도지사, 시장 또는 군수는 도시지역 내 녹지지역에서 주거지역으로 변경되는 체계적·계획적인 관리가 필요한 지역으로서 그 면적이 40만제곱미터인 지역은 지구단위계획구역으로 지정하여야 한다.
> ⓒ 용도지역을 변경하는 지구단위계획에는 건축물의 건축선은 반드시 포함될 대상에 해당한다.
> ⓒ 도시지역 내에 지정하는 지구단위계획구역에 대해서는 당해 지역에 적용되는 건폐율의 150퍼센트 및 용적률의 200퍼센트 이내에서 강화하여 적용할 수 있다.
> ② 주민은 시장 또는 군수에게 지구단위계획구역의 지정에 관한 사항에 대하여 도시·군관리계획의 입안을 제안할 수 없다.
> ⑩ 지구단위계획구역의 지정에 관한 도시·군관리계획결정의 고시일부터 3년 이내에 그 지구단위계획이 결정·고시되지 아니하면 그 3년이 되는 날에 그 지구단위계획구역의 지정에 관한 도시·군관리계획결정은 효력을 잃는다.

① 1개 ② 2개 ③ 3개
④ 4개 ⑤ 5개

16 국토의 계획 및 이용에 관한 법령상 도시지역 내 지구단위계획구역 지정시 재량적 지정 대상지역에 해당하지 않는 지역은?

① 「도시개발법」에 따라 지정된 도시개발구역
② 「주택법」에 따른 대지조성사업지구
③ 개발제한구역에서 해제되는 구역
④ 공업지역에서 녹지지역으로 변경되는 구역
⑤ 용도지구

Thema 11 기반시설(광역시설 포함)

1. 기반시설 종류는 교통·공간·유통공급·공공문화체육·방재·보건위생·환경기초시설로 구분
2. 고속도로는 도로의 세분대상이 아니고, 우선도로는 보행자만 가지고 있다.
3. ~광장이 붙어 있으면 모두 광장(공간시설)이다.
4. 보건위생시설은 가기 싫은 곳(장사시설, 의료시설, 도축장)이다.
5. 환경기초시설 기억하자(폐, 하, 빗물, 폐, 수)
   ▶ 폐차장, 하수도, 빗물저장 및 이용시설, 폐기물처리 및 재활용시설, 수질오염방지시설
6. **도시·군계획시설**: 기반시설 중 도시·군관리계획으로 결정된 시설
   ▶ 도시·군관리계획으로 반드시 결정 기반시설: 발전시설, 옥외변전시설
7. **도시·군계획시설관리**: 국가는 장관이 하고 지방은 조례로 정한다. 단, 보상은 따로 법률로 정함
8. 광역시설은 도시·군계획시설의 관리를 따르되, 국가계획인 광역시설은 법인이 설치·관리한다.

17 국토의 계획 및 이용에 관한 법령상 기반시설에 관한 설명으로 옳은 것은 모두 몇 개인가?

> ㉠ 하수도, 폐차장, 폐기물처리 및 재활용 시설, 빗물저장시설, 도축장은 환경기초시설에 해당한다.
> ㉡ 광역시설의 설치 및 관리는 공동구의 설치·관리에 따른다.
> ㉢ 도로를 세분하면 보행자전용도로, 자전거전용도로, 보행자우선도로, 고속도로, 고가도로, 지하도로이다.
> ㉣ 국가계획으로 설치하는 광역시설은 그 광역시설의 설치·관리를 사업목적 또는 사업종목으로 하여 다른 법률에 따라 설립된 법인이 설치·관리할 수 있다.
> ㉤ 도시·군계획시설이란 기반시설 중 도시·군관리계획으로 결정된 시설을 말한다.

① 1개 ② 2개 ③ 3개
④ 4개 ⑤ 5개

| Thema 12 | 공동구 |

1. 공동구란 지하매설물을 말한다.
2. **의무적 설치**: 200만m² 초과 지역에 개발사업을 하려는 자(~단지 ×, ~특구 ×, ~지역개발 ×)
3. 원칙은 필요적 수용이나, 가스관·하수도관은 임의적 수용(공동구협의회 심의)대상
4. 설치완료시 사업시행자는 점용하려는 자에게 개별적으로 통지하여야 한다.
5. 설치비용부담은 점용하려는 자(3분의 1 이상 납부)와 설치자가 공동부담하고, 관리비용은 점용하는 자가 점용면적비율로 부담한다.
6. 유지관리계획은 5년이고, 안전점검은 1년에 1회 이상 실시
7. 점용면적고려(공동구관리자), 점용료·사용료(조례)

18 국토의 계획 및 이용에 관한 법령상 공동구에 관한 설명으로 옳은 것은 모두 몇 개인가?

㉠ 도청이전을 위한 도시건설 및 지원에 관한 특별법에 따른 도청이전 신도시는 공동구설치대상지역에 해당하지 않는다.
㉡ 200만제곱미터인 경우에는 해당 지역 등에서 개발사업을 시행하는 자는 공동구를 설치하여야 한다.
㉢ 공동구관리자는 1년에 1회 이상 공동구의 안전점검을 실시하여야 하며, 안전점검 결과 이상이 있다고 인정되는 때에는 지체 없이 정밀안전진단·보수·보강 등 필요한 조치를 하여야 한다.
㉣ 사업시행자는 공동구의 설치공사를 완료한 때에는 지체 없이 공동구 점용예정자에게 개별적으로 통지하여야 한다.
㉤ 공동구관리자는 5년마다 해당 공동구의 안전 및 유지관리계획을 대통령령으로 정하는 바에 따라 수립·시행하여야 한다.

① 1개 ② 2개 ③ 3개
④ 4개 ⑤ 5개

Thema 13 도시 · 군계획시설사업

1. **단계별 집행계획**: 재원조달계획·보상계획(3개월 이내), 타법률의제(2년 이내), **구분수립**: 1단계(3년 전)집행계획·2단계(3년 후)계획, 2단계를 1단계에 포함할 수 있다.
2. 인가(국토교통부장관, 시·도지사, 대도시 시장 제외) 시행자대상, 경미(사업명칭변경·구역변경없는 10% 미만, 숫자 5 이하)
3. **사업시행자 지정 요건**: 면적 3분의 2 이상+소유자총수 2분의 1 이상 동의가 필요(국·똘 제외)
4. 조건부인가(조·경·환·위·기)시 이행보증금이 발생(국·똘 제외)
   ❏ 조경, 경관, 환경, 위해방지, 기반시설설치
5. **사업시행자 보호조치**: 분할시행, 무료열람, 공시송달(승인필요), 국·공유지 처분제한(위반: 무효), 토지수용·사용(토지보상법 준용), 타인토지 출입(기초조사·지가·측량)
6. 타인토지 출입(7일 전), 장애물제거·변경(3일 전, 동의): 소유자·점유자·관리인에게 사전통지
   ❏ 출입 및 부동의시 비행정청 시행자인 경우 시·군수에게 허가를 받아야 한다.
7. 일출 전 일몰 후 출입제한(점유자에게만 승낙), 증표제시(관계인), 수인의무(1,000만원 이하 과태료)
8. 손실보상(시행자), 행정심판(행정청대상)
9. 준공검사(시·도지사, 대도시 시장), 공사완료의 공고(국토교통부장관, 시·도지사, 대도시 시장)

19 국토의 계획 및 이용에 관한 법령상 도시·군계획시설사업에 관한 설명으로 옳은 것은 모두 몇 개인가?

> ㉠ 단계별 집행계획은 제1단계 집행계획과 제2단계 집행계획으로 구분하여 수립하되, 2년 이내에 시행하는 도시·군계획시설사업은 제1단계 집행계획에, 2년 후에 시행하는 도시·군계획시설사업은 제2단계 집행계획에 포함될 수 있다.
> ㉡ 행정청인 도시·군계획시설사업의 시행자가 도시·군계획시설사업에 의하여 새로 공공시설을 설치한 경우 새로 설치된 공공시설은 그 시설을 관리할 관리청에 무상으로 귀속된다.
> ㉢ 개발행위로 인하여 주변의 환경·경관·미관·국가유산 등이 크게 오염되거나 손상될 우려가 있는 지역은 최대 5년간 제한이 허용된다.
> ㉣ 「한국전력공사법」에 따른 한국전력공사는 도시·군계획시설사업의 시행자가 될 수 없다.
> ㉤ 도시·군계획시설결정의 고시일부터 2년이 지날 때까지 그 시설의 설치에 관한 사업이 시행되지 아니한 도시·군계획시설 중 단계별 집행계획이 수립되지 아니한 도시·군계획시설의 부지에 대하여는 가설건축물의 건축을 허가할 수 있다.

① 1개 ② 2개 ③ 3개
④ 4개 ⑤ 5개

20 국토의 계획 및 이용에 관한 법령상 도시·군계획시설사업 중 사업시행자 보호조치에 관한 설명으로 옳은 것은 모두 몇 개인가?

> ㉠ 도시·군계획에 관한 기초조사, 개발밀도관리구역에 관한 기초조사, 도시·군관리계획시설사업에 관한 측량, 지가의 동향에 관한 조사를 위하여 시행자가 타인의 토지에 출입이 가능하다.
> ㉡ 시행자는 사업시행을 위하여 특히 필요하다고 인정되면 도시·군계획시설에 인접한 토지 등을 일시 사용할 수 있다.
> ㉢ 도시·군계획시설사업의 시행자는 이해관계인에게 서류를 송달할 필요가 있으나 이해관계인의 주소 또는 거소가 불분명하거나 그 밖의 사유로 서류를 송달할 수 없는 경우에는 그 서류의 송달을 갈음하여 그 내용을 공시할 수 있다.
> ㉣ 도시·군계획시설사업의 시행자가 비행정청인 경우 시행자의 처분에 대해서는 행정심판을 제기할 수 있다.
> ㉤ 재결 신청은 「공익사업을 위한 토지 등의 취득 및 보상에 관한 법률」에도 불구하고 실시계획에서 정한 도시·군계획시설사업의 시행기간에 하여야 한다.

① 1개 ② 2개 ③ 3개
④ 4개 ⑤ 5개

Thema 14 매수청구

1. **10년 이내 시행하지 않고**(단, 인가절차진행 제외) + **지목대**(건축물 포함) : 청구할 수 있다.
2. **6개월 이내 매수여부결정·알림, 결정통지 후 2년 이내 매수**하여야 한다.
3. **매수가격** : 「공익사업을 위한 토지 등의 취득 및 보상에 관한 법률」 준용
4. **매수** : 현금(원칙), 도시·군계획시설채권발행(지방자치단체만, 보증없음, 무기명), 상환기간(10년 이내)

   ▷ 도시·군계획시설채권(원할 때, 부재·비업무용 3,000만원 초과금액)
5. **처음부터 매수 안할 때, 2년 후 매수 안할 때** : 3층 이하 단독주택·근린생활시설(단란주점·안마시술소·노래연습장·다중생활시설 제외)·공작물 건축허용
6. **실효** : 고시일로부터 20년이 되는 날의 다음 날

21 甲소유의 토지는 경기도 A시에 소재한 지목이 대(垈)인 토지로서 한국토지주택공사를 사업시행자로 하는 도시·군계획시설 부지이다. 甲의 토지에 대해 국토의 계획 및 이용에 관한 법령상 도시·군계획시설 부지의 매수청구권이 인정되는 경우, 이에 관한 설명으로 옳은 것은? (단, 도시·군계획시설의 설치의무자는 사업시행자이며, 조례는 고려하지 않음)

① 토지 소유자 甲은 한국토지주택공사에게 매수를 청구할 수 없다.
② 甲이 매수청구를 할 수 있는 대상은 토지이며, 그 토지에 있는 건축물은 포함되지 않는다.
③ 매수의무자는 매수청구를 받은 날부터 6개월 이내에 매수여부를 결정하여 甲에게 알려야 한다.
④ 甲이 원하는 경우 매수의무자는 도시·군계획시설채권을 발행하여 그 대금을 지급할 수 있다.
⑤ 매수청구에 대해 매수의무자가 매수하지 아니하기로 결정한 경우 甲은 자신의 토지에 3층의 다세대주택을 건축할 수 있다.

22 국토의 계획 및 이용에 관한 법령상 도시·군계획시설채권에 관한 설명으로 옳은 것은 모두 몇 개인가?

> ⊙ 부재부동산 소유자의 토지 또는 비업무용 토지로서 매수대금이 2천만원을 초과하여 그 초과하는 금액을 지급하는 경우 도시·군계획시설채권을 발행하여 지급할 수 있다.
> ⓒ 도시·군계획시설채권의 상환기간은 5년 이상 10년 이내로 한다.
> ⓒ 토지 소유자가 원하는 경우에 한하여 매수의무자가 지방자치단체인 경우에는 도시·군계획시설채권을 발행하여 지급할 수 있다.
> ⓔ 매수하기로 결정한 토지는 매수 결정을 알린 날부터 3년 이내에 매수하여야 한다.
> ⓜ 도시·군계획시설채권은 무기명채권에 해당한다.

① 1개   ② 2개   ③ 3개
④ 4개   ⑤ 5개

Thema 15 개발행위허가

1. 허가대상은 건·물·토형·토채·토분(도시·군계획사업은 제외)
   ▶ 물건쌓기: 녹·관·자 1개월 이상
2. 녹·관·농비닐하우스(양식 제외), 사도개설허가시 분할, 경작을 위한 토지형질변경, 전·답지목변경, 단축·축소, 숫자 5 이하 개발행위허가대상 아니다.
3. 재난복구나 재난수습을 위한 응급조치(1개월 이내 신고)
4. 신청서제출(조·경·환·위·기) - 개발밀도관리구역 기반시설설치 제외
   ▶ 조경, 경관, 환경, 위해방지, 기반시설설치
5. **개발행위 기준면적(미만)**: 농·공·관리3만, 자보·보녹5천, 나머지1만
6. **도시계획위원회 심의 예외**: 지, 성, 농, 교, 환, 산, 사, 재심의
   ▶ 지구단위, 성장관리계획, 농어촌정비, 교통영향평가, 환경영향평가, 산림사업, 사방사업, 심의 받은 구역
7. 조건부인가(조·경·환·위·기)시 이행보증금(20% 예치)이 발생 - 국·똘 제외
8. **준공검사대상 아님**: 토지분할, 물건쌓기
9. 허가제한(수목·우량농지, 환·경·국가유산, 계획, 지구, 기부)은 심의 거쳐 3년(원칙)
   ▶ 심의 없이 2년(연장) - 계획, 지구, 기부
10. 성장관리계획은 녹지·관리·농림지역 및 자연환경보전지역에 지정(임의적), 완화(건폐율: 계획 50%, 보전 제외 30% 이하, 용적률: 계획관리지역만 125% 이하)
11. 공공시설
    ① 세목통지: 행정청(준공검사 마친 때), 비행정청(개발행위가 끝나기 전)
    ② 귀속·양도: 행정청(통지시 무상귀속),
       비행정청(준공검사 받을 때 새로설치시설 무상귀속·폐지시설 상당범위 내 무상양도)
12. **관리청 불분명**: 도로(국토교통부장관), 하천(환경부장관), 재산(기획재정부장관)

23 국토의 계획 및 이용에 관한 법령상 개발행위에 관한 설명으로 옳은 것은 모두 몇 개인가?

㉠ 경작을 위한 전·답 사이의 지목변경을 수반하는 토지의 형질변경은 허가를 받아야 한다.
㉡ 토지 분할에 대해 개발행위허가를 받은 자가 그 개발행위를 마치면 관할 행정청의 준공검사를 받아야 한다.
㉢ 재해복구 또는 재난수습을 위한 응급조치는 1개월 이내 개발행위허가를 신청하여야 한다.
㉣ 토지의 일부를 공공용지로 하기 위해 토지를 분할하는 경우에는 개발행위허가를 받아야 한다.
㉤ 사업시간을 단축하는 경우에는 지체 없이 그 사실을 특별시장·광역시장·특별자치시장·특별자치도지사·시장 또는 군수에게 통지하여야 한다.

① 1개 ② 2개 ③ 3개
④ 4개 ⑤ 5개

Thema 16 | 개발밀도관리구역 & 기반시설부담구역 & 보칙

1. 개발밀도관리구역(주거·상업·공업지역) 지정은 할 수 있다,
   기반시설부담구역 지정은 하여야 한다.
   ↳ 지정권자: 시·군수(6짱)
2. 개발밀도관리구역은 강화(용적률 최대한도 50%), 기반시설부담구역은 완화
3. 개발밀도관리구역은 2년이 나오고 기반시설부담구역은 2년이 안 나온다.
4. 기반시설부담구역 수립은 1년 다음 날 해제
5. 개발밀도관리구역은 주민의견 ×, 20%,
   기반시설부담구역은 주민의견 ○, 20%(개발행위건수·인구증가율)
6. 기반시설부담구역의 지정은 개발밀도관리구역 외의 지역
7. **기반시설**: 대학(「고등교육법」에 따른 학교)은 제외
8. 기반시설부담구역의 부과대상 기준은 200m² 초과(신축·증축) - 리모델링은 아님
9. 2개월 이내(부과), 30일 이내(통지), 사용승인신청시(납부), 물납가능, 특별회계, 강제징수
10. **기반시설유발계수**: 주택·노·운·교·수·업·죽음(0.7), 의료(0.9), 숙박(1.0), 1종·판매(1.3), 2종(1.6), 관광(1.9), 위락(2.1)
11. **청문(시·군·구)**: 개발행위허가의 취소, 실시계획인가의 취소,
    도시·군계획시설사업의 시행자지정의 취소
12. **도시계획위원회**: 공통(25 - 30, 2년, 재과출석·출과찬성),
    차이(중앙위촉, 지방위원장위촉·부위원장호선)
13. **시범도시**: 국토교통부장관 지정, 구청장도 공모응모·수립가능, 지원(수립 80% 이하, 시행 50% 이하)

24 국토의 계획 및 이용에 관한 법령상 개발밀도관리구역에 관한 설명으로 옳은 것은 모두 몇 개인가?

> ㉠ 개발밀도관리구역에 대하여는 기반시설의 변화가 있는 경우, 이를 즉시 검토하여 그 구역의 해제 등 필요한 조치를 취하여야 한다.
> ㉡ 특별시장·광역시장·특별자치시장·특별자치도지사·시장 또는 군수는 개발밀도관리구역을 지정하거나 변경하려면 주민의 의견청취를 거쳐 해당 지방자치단체에 설치된 지방도시계획위원회의 심의를 거쳐야 한다.
> ㉢ 개발밀도관리구역에서는 당해 용도지역에 적용되는 용적률의 최대한도의 50퍼센트 범위에서 용적률을 강화하여 적용한다.
> ㉣ 개발밀도관리구역의 지정기준, 관리 등에 관하여 필요한 사항은 종합적으로 고려하여 국토교통부장관이 정한다.
> ㉤ 개발밀도관리구역을 지정하거나 변경한 경우에는 그 사실을 해당 지방자치단체의 공보에 게재하여 고시하고, 그 내용을 인터넷 홈페이지에 게재하여야 한다.

① 1개 ② 2개 ③ 3개
④ 4개 ⑤ 5개

25 국토의 계획 및 이용에 관한 법령상 기반시설부담구역에 관한 설명으로 옳은 것은 모두 몇 개인가?

> ⊙ 기반시설부담구역은 개발밀도관리구역과 중복하여 지정할 수 있다.
> ⓒ 기반시설부담구역의 지정·고시일부터 1년이 되는 날까지 기반설치계획을 수립하지 아니하면 그 1년이 되는 날의 다음 날에 기반시설부담구역의 지정은 해제된 것으로 본다.
> ⓒ 기반시설설치비용은 현금, 신용카드 또는 직불카드로 납부하도록 하되, 부과대상 토지 및 이와 비슷한 토지로 하는 납부를 인정할 수 있다.
> ② 기반시설부담구역에서 기반시설설치비용의 부과대상인 건축행위는 200제곱미터 초과인 건축물의 신축·증축(리모델링 포함)행위로 한다.
> ⓜ 전전년도 개발행위허가 건수가 100건이었으나, 전년도 개발행위허가 건수가 120건으로 증가한 지역은 기반시설부담구역으로 지정하여야 한다.

① 1개   ② 2개   ③ 3개
④ 4개   ⑤ 5개

26 국토의 계획 및 이용에 관한 법령상 다음 설명 중 옳은 것은?

① 광역계획권을 지정한 날부터 2년이 지날 때까지 관할 시장 또는 군수로부터 광역도시계획의 승인 신청이 없는 경우에는 관할 도지사가 수립하여야 한다.
② 군수는 도시·군관리계획을 조속히 입안하여야 할 필요가 있다고 인정되면 도시·군기본계획을 생략하고 도시·군관리계획만 입안할 수 있다.
③ 국가나 지방자치단체는 자연취락지구 안의 주민의 생활 편익과 복지 증진 등을 위하여 도로·수도공급설비·하수도 등의 정비사업을 시행하거나 그 사업을 지원할 수 있다.
④ 도시·군관리계획결정을 고시한 경우에는 국·공유지로서 도시·군계획시설사업에 필요한 토지는 그 도시·군관리계획으로 정하여진 목적 외의 목적으로 매각하거나 양도할 수 없다. 이를 위반한 행위는 취소하여야 한다.
⑤ 도시·군계획시설결정이 고시된 도시·군계획시설에 대하여 그 고시일부터 10년이 지날 때까지 그 시설의 설치에 관한 도시·군계획시설사업이 시행되지 아니하는 경우 그 도시·군계획시설결정은 그 고시일부터 10년이 되는 날의 다음 날에 그 효력을 잃는다.

27 국토의 계획 및 이용에 관한 법령상 다음 설명 중 옳은 것은?

① 지구단위계획구역에서 건축물(가설건축물 제외)을 건축 또는 용도변경하거나 공작물을 설치하려면 그 지구단위계획에 맞게 하여야 한다.
② 도시의 지속가능성 및 생활인프라 수준의 최종평가 주체는 시·도지사이다.
③ 체육시설·연구시설·사회복지시설은 반드시 미리 도시·군관리계획으로 결정하고 설치하여야 한다.
④ 매수 청구된 토지의 매수가격·매수절차 등에 관하여 이 법에 특별한 규정이 있는 경우 외에는 공시지가를 적용한다.
⑤ 국토교통부장관은 시·도지사가 요청하는 경우에는 시·도지사와 공동으로 광역도시계획을 수립할 수 있으며, 시·도지사가 협의를 거쳐 요청하는 경우에는 단독으로 광역도시계획을 수립할 수 있다.

28 국토의 계획 및 이용에 관한 법령상 다음 설명 중 옳은 것은?

① 광역도시계획인 경우 국토교통부장관, 시·도지사, 시장 또는 군수가 기초조사정보체계를 구축한 경우에는 등록된 정보의 현황을 3년마다 확인하고 변동사항을 반영하여야 한다.
② 용도지구를 폐지하고 그 용도지구에서의 행위 제한 등을 지구단위계획으로 대체하려는 지역은 지구단위구역으로 지정하여야 한다.
③ 광장은 교통광장, 일반광장, 경관광장, 지하광장, 건축물부설광장으로 세분화 된다.
④ 시행자는 도시·군계획시설사업의 공사를 마친 때에는 국토교통부령으로 정하는 바에 따라 공사완료보고서를 작성하여 국토교통부장관, 시·도지사나 대도시 시장의 준공검사를 받아야 한다.
⑤ 시장(대도시 시장은 포함)이나 군수는 지형도면(지구단위계획구역의 지정·변경과 지구단위계획의 수립·변경은 제외)을 작성하면 도지사의 승인을 받아야 한다. 이 경우 도지사는 30일 이내에 그 지형도면을 승인하여야 한다.

29 국토의 계획 및 이용에 관한 법령상 다음 설명 중 옳은 것은?

① 개발행위허가를 받은 부지면적을 5퍼센트 범위내에서 확장 또는 축소하는 경우에는 변경허가를 받지 않아도 된다.
② 자연취락지구 안에서 건축할 수 있는 건축물은 5층 이하의 건축물에 한한다.
③ 기반시설의 설치나 그에 필요한 용지의 확보, 위해 방지, 환경오염 방지, 경관 조성, 조경 등을 위하여 필요하다고 인정되는 경우에는 그 이행을 담보하기 위하여 모든 시행자에게 이행보증금을 예치하게 할 수 있다.
④ 도시·군계획시설결정의 해제를 권고받은 특별시장·광역시장·특별자치시장·특별자치도지사·시장 또는 군수는 특별한 사유가 없으면 신청을 받은 날부터 2년 이내에 해당 도시·군계획시설의 해제를 위한 도시·군관리계획결정을 하여야 한다.
⑤ 국토교통부장관, 시·도지사, 시장·군수 또는 구청장은 개발행위허가의 취소, 도시·군계획시설사업의 시행자 지정의 취소, 실시계획인가의 취소에 해당하는 처분을 하려면 청문을 하여야 한다.

30 국토의 계획 및 이용에 관한 법령상 다음 설명 중 옳은 것은?

① 광역도시계획이 승인된 경우 국토교통부장관은 그 내용을 관보에 게재하여 공고하고 일반인이 관계 서류를 30일 이상 열람할 수 있도록 하여야 한다.
② 일반주거지역, 준주거지역, 중심상업지역, 일반상업지역, 근린상업지역, 준공업지역에서는 아파트 건축이 가능하다.
③ 공동구의 관리에 소요되는 비용은 그 공동구를 점용하는 자가 함께 부담하되, 부담비율은 점용면적을 고려하여 조례로 정한다.
④ 도시·군계획시설결정의 고시일부터 10년 이내에 그 도시·군계획시설의 설치에 관한 도시·군계획시설사업이 시행되지 아니하는 경우(실시계획의 인가나 그에 상당하는 절차가 진행된 경우는 제외) 그 도시·군계획시설의 부지로 되어 있는 토지 중 지목이 대인 토지(건축물 및 정착물 포함)의 소유자는 특별시장·광역시장·특별자치시장·특별자치도지사·시장 또는 군수에게 그 토지의 매수를 청구하여야 한다.
⑤ 지구단위계획구역의 지정에 관한 도시·군관리계획결정의 고시일부터 3년 이내에 그 지구단위계획이 결정·고시되지 아니하면 그 3년이 되는 날의 다음 날에 그 지구단위계획구역의 지정에 관한 도시·군관리계획결정은 효력을 잃는다.

II. 건축법

Thema 17 건축법 용어정의

1. 지하층은 층고 2분의 1 이상이 지표하(땅아래)에 있어야 한다.
2. 주요구조부는 내력벽, 기둥, 바닥, 보, 지붕틀, 주계단이다.
3. 고층(30층 이상이거나 120미터 이상)은 준초고층과 초고층(50층 이상이거나 200미터 이상)으로 나뉜다.
4. 교육·장례·위락·관광휴게·노유자·운동시설 — 준다중(바닥면적합계 1,000m² 이상)
5. 16층 이상은 용도와 상관 없이 무조건 다중이용건축물이다.
6. **특수구조건축물**: 3미터 이상 돌출, 기둥과 기둥사이 20미터 이상

---

31 건축법령상 용어에 관한 설명으로 옳은 것은 모두 몇 개인가?

> ㉠ 지하층은 건축물의 바닥이 지표면 아래에 있는 층으로서 바닥에서 지표면까지 평균높이가 해당 층 높이의 3분의 1 이상인 것을 말한다.
> ㉡ 관광휴게시설 용도로 쓰는 바닥면적의 합계가 5천제곱미터인 건축물은 다중이용건축물에 해당한다.
> ㉢ 같은 대지에서 주된 건축물과 분리된 부속용도의 건축물로서 주된 건축물을 이용 또는 관리하는 데에 필요한 건축물을 부속건축물이라 한다.
> ㉣ 초고층건축물에 해당하려면 층수가 50층 이상이고 높이가 200미터 이상이어야 한다.
> ㉤ 건축물의 노후화를 억제하기 위하여 일부 증축 또는 개축하는 행위는 리모델링이나, 건축물의 기능향상을 위하여 대수선하는 행위는 리모델링이 아니다.

① 1개 ② 2개 ③ 3개
④ 4개 ⑤ 5개

Thema 18 건축법 적용

1. **건축법상 건축물이란 지붕과 기둥 또는 벽이 있는 것**(지하나 고가설치 불문)
   적용 제외: 문화유산, 철도관련시설(철도역사 ×), 톨게이트, 간이창고(이동 쉬움), 수문조작실
2. **공작물**(건축물과 분리)이란 2(미터)옹담이, 4(미터)기장광과, 5(미터)태에게, 6(미터)골굴을, 8(미터)고, 지하30m²에 숨었다. - 초과
3. **면, 동 또는 읍에 속한 섬은 500인 미만**: 건축법 완화(대지, 도로, 건축선, 방화) - 건폐율·용적률 제외
4. **신축**이란 없는 대지에 새롭게 축조하거나 해체·멸실된 건축물인 경우 기존보다 더 크게 건축하는 것
5. **증축**은 기존건축물을 늘리는 것, **개축**은 기존건축물 해체·**재축**은 기존건축물 멸실 후 동일범위 이하로 축조하는 것
6. **이전**이란 주요구조부 해체하지 않고 같은 대지 다른 위치로 자리 변경하는 것
7. **대수선**은 내, 기, 바, 보, 지, 주, 경, 마 ① 증설·해체(숫자상관 없음), 증축(늘리면)과 비교, ② 수선·변경[숫자: 내·기·보·지·마 3 이상 - 내·마(벽)30m² 이상]

---

32 건축법령상 적용대상에 관한 설명으로 옳은 것은 모두 몇 개인가?

> ㉠ '주요구조부'란 내력벽(耐力壁), 기둥, 바닥, 작은보, 지붕틀 및 주계단(主階段)을 말한다.
> ㉡ 건축물과 분리된 높이 6미터인 옹벽, 첨탑, 광고탑, 고가수조는 특별자치시장·특별자치도지사 또는 시장·군수·구청장에게 신고하여야 한다.
> ㉢ 고속도로 통행료 징수시설은 「건축법」상 건축물에 해당한다.
> ㉣ 건축물이란 토지에 정착하는 공작물 중 지붕과 기둥 또는 벽이 있는 것과 이에 딸린 시설물 중 지하나 고가의 공작물에 설치하는 사무소를 제외한 것을 말한다.
> ㉤ 철도역사는 「건축법」상 건축물에 해당한다.

① 1개 ② 2개 ③ 3개
④ 4개 ⑤ 5개

33 건축법령상 건축에 관한 설명으로 옳은 것은 모두 몇 개인가?

> ㉠ 기존 건축물이 있는 대지에서 건축물의 연면적을 늘리는 것은 증축에 해당한다.
> ㉡ 건축이라 함은 건축물을 신축·증축·개축·재축·이전 또는 대수선하는 것을 말한다.
> ㉢ 부속건축물만 있는 대지에 새로 주된 건축물을 축조하는 것은 증축이라고 한다.
> ㉣ 건축물의 주요구조부를 해체하고 같은 대지의 다른 위치로 옮기는 것은 이전에 해당한다.
> ㉤ 개축은 기존 건축물의 전부 또는 일부를 해체하고 그 대지에 종전과 같은 규모의 범위에서 건축물을 다시 축조하는 것을 말한다.

① 1개　　② 2개　　③ 3개
④ 4개　　⑤ 5개

34 건축법령상 대수선에 관한 설명으로 옳은 것은 모두 몇 개인가?

> ㉠ 건축물의 외벽에 사용하는 벽면적 35m²을 수선하는 것은 대수선에 해당한다.
> ㉡ 다가구주택의 가구 간 경계벽 또는 다세대주택의 세대 간 경계벽을 수선 또는 변경하는 것은 대수선에 해당한다.
> ㉢ 건축물의 주계단·피난계단·특별피난계단을 증설하는 행위는 대수선이다.
> ㉣ 기둥 1개, 보 2개, 지붕틀 1개를 각각 수선 또는 변경하는 것은 대수선에 해당한다.
> ㉤ 지붕틀을 두 개 증설하는 것은 대수선에 해당하지 않는다.

① 1개　　② 2개　　③ 3개
④ 4개　　⑤ 5개

| Thema 19 | 용도변경 |

1. 단독주택(단독, 다중, 다가구, 공관), 공동주택(다세대, 연립, 아파트, 기숙사)
2. ~원(1종), 병원(의료), 동물병원(근린), 학원(교육), 운전학원(자동차), 무도학원(위락), 동·식물원(문화), 동·식물관련시설(도축장), 장례식장·묘지(동물포함)
3. **용도변경 하위순서**: 자동차, 산업(묘지·장례), 전기통신, 문화집회(문화·위락·관광휴양·종교), 영업(운동·숙박·판매·다중생활시설), 교육복지(의료·노유자·교육·수련·야영장), 근린(1종, 2종), 주거업무(단독, 공동, 교정, 군사, 기타(그밖: 동·식물관련)
4. 시설군 상위 허가·하위 신고, 용도군 변경신청(동일용도군끼리 제외), 복수용도인정
   ▷ 시·군·구청장에게 허가 또는 신고
5. **바닥면적의 합계가 100㎡ 이상**: 허가·신고대상 용도변경 사용승인 준용
6. **바닥면적의 합계가 500㎡ 이상**: 허가대상 용도변경 건축사 설계 준용

35 건축법령상 용도변경에 관한 설명으로 옳은 것은 모두 몇 개인가?

㉠ 「건축법 시행령」상 기숙사는 공동주택에 해당한다.
㉡ 장의사, 안마시술소, 어린이회관은 제2종 근린생활시설에 해당한다.
㉢ 방송통신시설을 장례시설로 변경하는 경우는 특별자치시장·특별자치도지사 또는 시장·군수·구청장에게 신고를 하여야 한다.
㉣ 허가대상인 경우로서 용도변경하려는 부분의 바닥면적의 합계가 100㎡인 경우는 건축물의 사용승인을 준용한다.
㉤ 신고대상인 경우로서 용도변경하려는 부분의 바닥면적의 합계가 600㎡인 용도변경의 설계에 관하여는 건축사 설계를 준용한다.

① 1개　　② 2개　　③ 3개
④ 4개　　⑤ 5개

Thema 20 건축허가절차

1. **건축법**은 연도 나오면 원칙 2년(연장·신고 1년, 가설·공장 3년, 특별 5년)
2. **사전결정(건축허가예약)**: 통지(행운 7일), 실효(2년), 교통(동시신청), 환경(협의)
   ▷ 허가의제: 개발행위, 전용(보전산지 – 도시지역에 한함), 하천점용
3. **건축허가권자(원칙)**: 특별자치시장·특별자치도지사 또는 시장·군수·구청장
4. **건축허가권자(예외)**: 특별시장·광역시장(21층 이상 또는 연면적 합계 10만㎡ 이상 – 10분의 3 이상 증축 포함) – 공장·창고 제외
5. 도지사는 건축허가권자가 아닌 사전승인권자에 해당한다.
   ① 21층 이상, 연면적 합계 10만㎡ 이상(10분의 3 이상 증축 포함) – 공장·창고 제외
   ② 교육·주거환경(층수 ×, 면적 × – 위락·숙박)
   ③ 자연·수질환경(3층 이상, 연면적 합계 1000㎡ 이상 – 위락·숙박·공동주택·일반음식점·일반업무시설)
6. **대지**: 권원확보(분양목적 공동주택 제외), 80% 이상(20% 미만 매도청구: 시가, 3개월 이상 협의)
7. **필요적 취소**: 2년 이내(공장: 3년) 공사착수 못한 경우, 공사완료 불가능, 경매·공매 6개월 이후 공사착수 불가능
8. **제한권자**: ① 국토교통부장관(모든 허가권자) / 특광(구청장)·도지사(시장·군수)
   ② 특·광·도지사는 국토교통부장관에게 즉시 보고하고 국토교통부장관은 지나치면 해제를 명함
   ③ 제한권자(통보), 허가권자(공고)

36 건축법령상 건축허가에 관한 설명으로 옳은 것은 모두 몇 개인가?

㉠ 허가권자는 허가를 받은 자가 착공신고 전에 경매 또는 공매 등으로 건축주가 대지의 소유권을 상실한 때부터 6개월이 경과한 이후 공사의 착수가 불가능하다고 판단되는 경우에는 그 허가를 취소하여야 한다.
㉡ 사전결정신청자는 사전결정을 통지받은 날부터 2년 이내에 건축허가를 신청하여야 하며, 그 기간에 건축허가를 신청하지 아니하는 경우에는 사전결정의 효력이 상실된다.
㉢ 층수가 21층 이상이거나 연면적의 합계가 10만제곱미터 이상인 공장을 특별시나 광역시에 건축하려면 특별시장이나 광역시장의 허가를 받아야 한다.
㉣ 건축허가나 건축물의 착공을 제한하는 경우 제한기간은 3년 이내로 하며, 1회에 한하여 2년 이내 연장할 수 있다.
㉤ 건축허가 대상 건축물을 건축하려는 자가 허가권자의 사전결정통지를 받은 경우 「산지관리법」에 따른 도시지역 안의 보전산지 산지전용허가를 받은 것으로 간주한다.

① 1개　　② 2개　　③ 3개
④ 4개　　⑤ 5개

Thema 21 건축신고 & 가설건축물 & 사용승인 절차

1. 미리 신고하면 허가로 간주
2. **신고기준**: 85m² 이내 증·개·재축(3층 이상 연면적 10분의 1 이내), 연면적 200m² 미만이고 3층 미만(비도시건축·대수선<단, 주요구조부수선은 면적·층수 적용 안됨>) 높이 3미터 이하 증축, 연면적 합계 100m² 이하 건축, 연면적 500m² 이하+2층 이하 공장, 창고(연면적 200m² 이하)·축사(연면적 400m² 이하)
3. 신고실효는 1년(연장 1년)
4. **가설건축물**: 단단하지 않고(철골·철근구조 아님)+3(층 이하)+3(년 이내)하며+새롭지 않고(새로운 설치 아님)+분양목적 아닐 것
5. **가설건축물 존치기간**: 3년 이내(공사용건축물 제외) 기간연장신청·신고[허가(만료 14일 전), 신고(만료 7일 전)]
6. **가설건축물 신고**: 견본주택, 조립 경비용(10m² 이하), 비닐(100m² 이상), 야외흡연실(50m² 이하)
7. **건축사가 아니어도 가능**: 85m² 미만 증·개·재축, 연면적 200m² 미만이고 3층 미만, 신고가설건축물
8. **안전관리예치금**: 안전제1(1천m² 이상, 1% 이내), 국·돌 제외
9. **안전영향평가**: 초고층·연면적 10만m² 이상+16층 이상, 평가받았다면 해당항목만 평가 간주
10. **사용승인**: 허가권자, 사용승인시 사용, 7일 이내 교부없거나 임시사용승인시 사용 임시사용승인(2년)은 연장은 가능하나 연장기간 제한은 없다.

37 건축법령상 건축신고를 하면 건축허가를 받은 것으로 볼 수 있는 경우에 해당하는 것은?

① 기존 건축물의 높이에서 5미터를 증축하는 건축물
② 연면적 200제곱미터인 2층 건축물의 피난계단 증설
③ 관리지역 안에서 연면적 500제곱미터인 3층인 공장의 신축
④ 연면적의 합계가 150제곱미터인 단층 건축물의 신축
⑤ 연면적 300제곱미터인 5층 건축물의 방화벽 수선

Thema 22 대지와 도로

1. **구조안전확인**: 2층 이상·연면적 200m² 이상, 목구조는 3층 이상·연면적 500m² 이상, 높이 13미터 이상, 처마높이 9미터 이상, 기둥과 기둥사이 10미터 이상, 3미터 이상 돌출, 주택
2. **건축구조기술사협력**: 6층 이상(필로티: 3층 이상), 특수구조, 다중, 준다중
3. **범죄예방기준**(CCTV)은 주택 중 단독과 다중 빼고 모두적용, 도서관(범죄예방·경계벽·층간 제외)
4. **시설**: 난간 1.2미터 이상, 옥상 5층 이상(동·식물원, 전시장 제외), 직통계단(보행거리 30미터 이하) 헬리포트 11층 이상+바닥면적 합계 10,000m² 이상, 승강기 6층 이상+연면적 2,000m² 이상, 비상용승강기 31미터 초과, 차면시설 2미터 이내, 피난안전구역[초고층(30개층마다 1개소 이상), 준초고층(상하 5개층 이내 1개소 이상)]
5. **조경**(면적 200m² 이상)은 ① 조경대상 제외[이미 나무존재, 공장, 물류시설(주거·상업지역 제외), 축사, 염분, 가설건축물] ② 옥상 조경면적 3분의 2 인정, 전체면적 100분의 50 초과 금지
6. **공개공지설치**는 ① 일반주거, 준주거, 상업, 준공업지역 ② 5,000m² 이상(농수산유통시설 제외) ③ 대지면적 100분의 10 이하 ④ 1.2배 이하 완화(용적률·높이)
7. **도로**: 4미터 이상(원칙), 3미터 이상(차량통행 불가능), 지정[동의, 동의 ×(오랫동안 통행로, 해외)], 폐지·변경(반드시 동의 필요)
8. **도로와 대지 접도의무**: ① 4미터 이상의 도로에 2미터 이상 접함(연면적 합계 2천m² 이상은 6미터 이상에 4미터 이상 접함)
   ② 공장은 연면적 합계 3천m² 이상은 6미터 이상에 4미터 이상 접함
9. 건축선은 미달시 양쪽대지는 중심선기준(소요너비 2분의 1), 한쪽대지는 경계선 기준(소요너비)

   ◨ 건축선 미달(건축면적 제외), 지정건축선(도시지역 4미터 이하, 건축면적 포함)
10. 높이 4.5미터 이하는 건축선의 수직면을 넘으면 안됨(지하 제외)

38 건축법령상 건축물 구조에 관한 설명으로 옳은 것은 모두 몇 개인가?

> ㉠ 층수가 11층 이상인 건축물로서 11층 이상인 층의 바닥면적의 합계가 1만㎡ 이상인 건축물의 옥상에는 헬리포트를 설치하거나 헬리콥터를 통하여 인명 등을 구조할 수 있는 공간을 확보하여야 한다.
> ㉡ 옥상광장 또는 2층 이상인 층에 있는 노대 등의 주위에는 높이 1.5m의 난간을 설치하여야 한다.
> ㉢ 단독주택, 다중주택, 다가구주택에 해당하는 건축물은 국토교통부장관이 정하여 고시하는 범죄예방 기준에 따라 건축하여야 한다.
> ㉣ 인접 대지경계선으로부터 직선거리 2m 이내에 이웃주택의 내부가 보이는 창문 등을 설치하는 경우에는 차면시설을 설치하여야 한다.
> ㉤ 층고란 방의 바닥구조체 아랫면으로부터 위층 바닥구조체의 아랫면까지의 높이로 한다.

① 1개 ② 2개 ③ 3개
④ 4개 ⑤ 5개

39 건축법령상 설명으로 옳은 것은 모두 몇 개인가?

> ㉠ 대지의 배수에 지장이 없거나 건축물의 용도상 방습의 필요가 없는 경우에는 인접한 도로면보다 낮아도 된다.
> ㉡ 허가권자는 연면적이 1천㎡ 이상인 건축물로서 해당 지방자치단체의 조례로 정하는 건축물에 대하여는 착공신고를 하는 건축주(한국토지주택공사 또는 지방공사는 포함)에게 장기간 건축물의 공사현장이 방치되는 것에 대비하여 미리 미관 개선과 안전관리에 필요한 비용을 건축공사비의 1%의 범위에서 예치하게 할 수 있다.
> ㉢ 근린상업지역은 150제곱미터 미만에 못 미치게 분할할 수 없다.
> ㉣ 허가권자는 대형 건축물 또는 암반공사 등으로 인하여 공사기간이 긴 건축물에 대하여는 1년 이내에 임시사용승인의 기간을 연장할 수 있다.
> ㉤ 손궤의 우려가 있는 토지에 대지를 조성하면서 설치한 옹벽의 외벽면에는 옹벽의 지지 또는 배수를 위한 시설물이 밖으로 튀어 나오게 해서는 아니된다.

① 1개 ② 2개 ③ 3개
④ 4개 ⑤ 5개

40 건축법령상 대지조경에 관한 설명으로 옳은 것은 모두 몇 개인가?

㉠ 건축물의 옥상에 국토교통부장관이 고시하는 기준에 따라 조경이나 그 밖에 필요한 조치를 하는 경우에는 옥상부분 조경면적의 2분의 1에 해당하는 면적을 대지의 조경면적으로 산정할 수 있다.
㉡ 면적 3천제곱미터인 대지에 건축하는 공장에 대하여는 조경 등의 조치를 하지 아니할 수 있다.
㉢ 전용주거지역, 일반상업지역, 전용공업지역은 공개공지 또는 공개공간을 설치하여야 하는 대상지역이다.
㉣ 지구단위계획구역인 녹지지역에 건축하는 건축물은 조경 등의 조치를 하지 아니할 수 있다.
㉤ 도시·군계획시설에서 건축하는 연면적의 합계가 1천 500제곱미터 이상인 가설건축물에 대하여는 조경 등의 조치를 하여야 한다.

① 1개 ② 2개 ③ 3개
④ 4개 ⑤ 5개

41 건축법령상 공개공지에 관한 설명으로 옳은 것은 모두 몇 개인가?

㉠ 공개공지 등에는 연간 60일 이내의 기간 동안 건축 조례로 정하는 바에 따라 주민을 위한 문화행사를 열거나 판촉활동을 할 수 있다.
㉡ 공개공지 등의 면적은 대지면적의 100분의 10 이하의 범위에서 건축조례로 정한다.
㉢ 공개공지는 필로티의 구조로 설치할 수 없다.
㉣ 공개공지 등을 설치하는 경우 해당 지역에 적용되는 용적률의 1.2배 이하의 범위에서 용적률을 완화하여 적용할 수 있다.
㉤ 바닥면적의 합계가 5천 제곱미터 이상인 농수산물유통시설의 경우에는 공개공지를 설치하여야 한다.

① 1개 ② 2개 ③ 3개
④ 4개 ⑤ 5개

42 건축법령상 도로에 관한 설명으로 옳은 것은 모두 몇 개인가?

㉠ 허가권자는 지정한 도로를 폐지하거나 변경하려면 그 도로에 대한 이해관계인의 동의를 받고 건축위원회의 심의를 거쳐 도로를 지정할 수 있다.
㉡ 도로란 보행과 자동차 통행이 가능한 너비 4m 이상의 도로로서 「국토의 계획 및 이용에 관한 법률」 등의 관계 법령에 따라 신설 또는 변경에 관한 고시가 된 도로에 한한다.
㉢ 연면적의 합계가 2천m^2 이상인 건축물(공장 제외)의 대지는 너비 6m 이상의 도로에 4m 이상 접하여야 한다.
㉣ 특별자치시장·특별자치도지사 또는 시장·군수·구청장이 지형적 조건으로 인하여 차량 통행을 위한 도로의 설치가 곤란하다고 인정하여 그 위치를 지정·공고하는 구간의 너비 3m 이상인 경우도 도로에 해당한다.
㉤ 건축물의 주변에 광장, 공원, 유원지, 그 밖에 관계 법령에 따라 건축이 금지되고 공중의 통행에 지장이 없는 공지로서 허가권자가 인정한 공지가 있는 경우는 2m 이상 접할 필요가 없다.

① 1개 ② 2개 ③ 3개
④ 4개 ⑤ 5개

43 건축법령상 건축선에 관한 설명으로 옳은 것은 모두 몇 개인가?

㉠ 지표 아래 부분을 포함한 건축물과 담장은 건축선의 수직면을 넘어서는 아니 된다.
㉡ 도로의 반대쪽에 경사지, 하천, 철도, 선로부지, 그 밖에 이와 유사한 것이 있는 경우에는 그 경사지 등이 있는 쪽의 도로중심선에서 소요 너비에 해당하는 수평거리의 선을 건축선으로 한다.
㉢ 도로면으로부터 높이 4m 이하에 있는 출입구, 창문, 그 밖에 이와 유사한 구조물은 열고 닫을 때 건축선의 수직면을 넘지 아니하는 구조로 하여야 한다.
㉣ 특별자치시장·특별자치도지사 또는 시장·군수·구청장은 시가지 안에서 건축물의 위치나 환경을 정비하기 위하여 필요하다고 인정하면 도시지역에서 4m 이하의 범위에서 건축선을 따로 지정할 수 있다.
㉤ 소요너비에 못 미치는 너비의 도로인 경우에는 그 중심선으로부터 그 소요너비의 2분의 1의 수평거리만큼 물러난 선을 건축선으로 한다.

① 1개 ② 2개 ③ 3개
④ 4개 ⑤ 5개

Thema 23 면적 & 특칙

1. ① 대지면적(건축선미달·도시·군계획시설포함 제외)
   ② 건축면적 : 중심선, 1미터 후퇴(한옥 2미터 후퇴, 사찰 4미터 후퇴, 축사 3미터 후퇴), 높이 1미터 이하
   ③ 바닥면적 : 중심선, 1미터 후퇴, 노대 1.5미터 뺀 면적, 필로티, ~탑, 다락(높이 1.5미터 이하, 경사 1.8미터 이하)
2. 피난, 아이, 노인, 장애인, 일상생활(지하주차장 경사로, 조경시설, 생활폐기물보관시설) 등을 위한 시설은 건축면적과 바닥면적에서 제외
3. **연면적** : 지하층 포함

   ↳ 용적률 제외 : 지하층, 지상층주차장, 고층피난안전구역, 11층 이상 경사지붕대피공간
4. 층수 구분 못하면 4미터마다 하나의 층, 층수가 다르면 가장 많은 층수 기준, 지하층 제외
5. 일조권확보지역(전용주거지역, 일반주거지역), 채광확보 높이제한 적용 안됨(중심·일반상업지역, 2층 이하, 높이 8미터 이하)
6. **특별건축구역** : ① 지정 제외(접도구역, 개발제한, 보전산지, 자연공원)
   ② 적용배제(조경, 공지, 건폐율, 용적률, 높이)
   ③ 통합적용(공원, 미술, 주차장)
   ④ 해제(5년 이내 착공안함)
7. 건축협정(전원의 합의, 폐지는 과반수동의), 결합건축(전원합의·폐지)
8. 이행강제금(1년 2회)은 ① 이미 부과된 이행강제금은 징수하고 새로운 이행강제금은 부과 즉시중지, ② 무허가(100분의 100), 용적률 초과(100분의 90), 건폐율 초과(100분의 80), 무신고(100분의 70) — 1제곱미터당 시가표준액의 100분의 50에 해당하는 금액 기준
9. **건축분쟁전문위원회** : 국토교통부, 분쟁무관(행정청 : 허가권자, 신고수리권자, 지도원)

44 건축법령상 면적에 관한 설명으로 옳은 것은 모두 몇 개인가?

> ㉠ 건축면적은 건축물의 각층 또는 그 일부로서 벽·기둥 기타 이와 유사한 구획의 중심선으로 둘러싸인 부분의 수평투영면적으로 한다.
> ㉡ 연면적 산정시 지하층의 면적은 제외한다.
> ㉢ 지하층에 설치한 기계실, 전기실의 면적은 용적률을 산정할 때 연면적에 산입하지 않는다.
> ㉣ 건축물의 1층이 차량의 주차에 전용되는 필로티인 경우 그 면적은 바닥면적에 포함한다.
> ㉤ 승강기탑, 계단탑, 장식탑, 층고가 1.5m인 다락은 바닥면적에 산입하지 않는다.

① 1개 ② 2개 ③ 3개
④ 4개 ⑤ 5개

45 건축법령상 대지면적이 500m²인 대지에 건축되어 있고, 각 층의 바닥면적이 동일한 지하 1층·지상 5층(지상 1층 필로티구조)인 건축물로서 용적률이 200%라고 할 때, 이 건축물의 바닥면적은? (단, 제시된 조건 이외의 다른 조건이나 제한은 고려하지 아니함)

① 100m² ② 150m²
③ 200m² ④ 250m²
⑤ 300m²

46 건축법령상 대지 A의 건축선을 고려한 대지면적은? (다만, 도로는 보행과 자동차 통행이 가능한 통과도로로서 법률상 도로이며, 대지 A는 도시지역이 아니고 읍에 해당하는 곳이다)

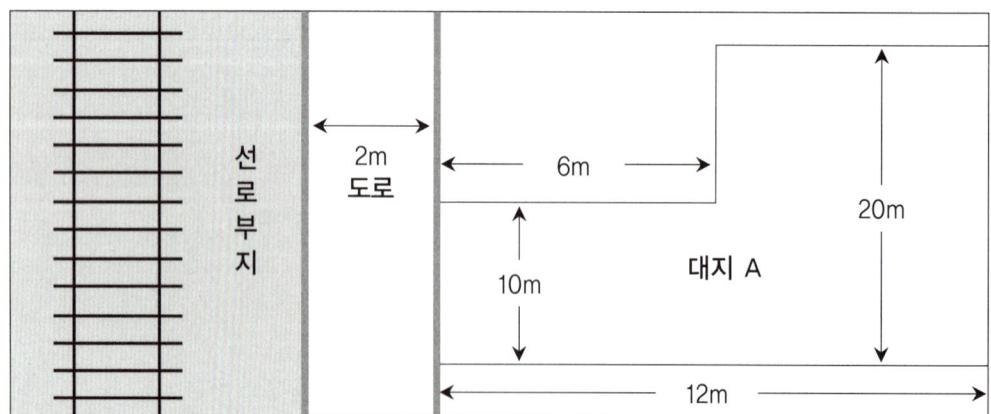

① 120m² ② 140m²
③ 160m² ④ 180m²
⑤ 200m²

47 건축법령상 높이에 관한 설명으로 옳은 것은 모두 몇 개인가?

> ㉠ 층의 구분이 명확하지 아니한 건축물은 높이 3m마다 하나의 층으로 본다.
> ㉡ 2층 이하로서 높이가 8m 이하인 건축물에는 해당 지방자치단체의 조례로 정하는 바에 따라 일조 등의 확보를 위한 건축물의 높이제한을 적용하지 아니할 수 있다.
> ㉢ 건축물이 부분에 따라 그 층수가 다른 경우에는 그중 가장 많은 층수를 그 건축물의 층수로 본다.
> ㉣ 허가권자는 같은 가로구역에서 건축물의 용도 및 형태에 따라 건축물의 높이를 다르게 정할 수 있다.
> ㉤ 일반상업지역에 건축하는 공동주택으로서 하나의 대지에 두 동(棟) 이상을 건축하는 경우에는 채광 등의 확보를 위한 높이제한이 적용된다.

① 1개 ② 2개 ③ 3개
④ 4개 ⑤ 5개

48 건축법령상 다음 설명 중 틀린 것은 모두 몇 개인가?

> ㉠ 초고층 건축물에는 피난층 또는 지상으로 통하는 직통계단과 직접 연결되는 피난안전구역(건축물 중간층에 설치하는 대피공간을 말함)을 지상층으로부터 최대 30개 층마다 1개소 이상 설치하여야 한다.
> ㉡ 도시·군계획시설 및 도시·군계획시설예정지에서 가설건축물을 건축하려는 자는 특별자치시장·특별자치도지사 또는 시장·군수·구청장의 허가를 받아야 한다.
> ㉢ 「개발제한구역의 지정 및 관리에 관한 특별조치법」에 따른 개발제한구역에 대하여는 특별건축구역으로 지정할 수 없다.
> ㉣ 국토교통부장관 또는 시·도지사는 특별건축구역 지정일부터 3년 이내에 특별건축구역 지정목적에 부합하는 건축물의 착공이 이루어지지 아니하는 경우에는 특별건축구역의 전부 또는 일부에 대하여 지정을 해제할 수 있다.
> ㉤ 동이나 읍(섬의 경우에는 인구가 500명 미만인 경우만 해당)인 지역은 「건축법」의 규정 중 건축선 지정을 완화 적용한다.

① 1개 ② 2개 ③ 3개
④ 4개 ⑤ 5개

49 건축법령상 다음 설명 중 옳은 것은 모두 몇 개인가?

> ㉠ 자연환경이나 수질을 보호하기 위하여 도지사가 지정·공고한 구역에 건축하는 2층 이상 또는 연면적의 합계가 1천㎡ 이상인 위락시설은 도지사 사전승인이 필요하다.
> ㉡ 신고하여야 하는 가설건축물의 존치기간은 2년 이내로 한다. 다만, 공사용가설건축물 및 공작물의 경우에는 해당 공사의 완료일까지의 기간을 말한다.
> ㉢ 조정 및 재정을 하기 위하여 국토교통부에 건축분쟁전문위원회를 둔다.
> ㉣ 바닥면적은 벽·기둥의 구획이 없는 건축물은 그 지붕 끝부분으로부터 수평거리 1.5m를 후퇴한 선으로 둘러싸인 수평투영면적으로 한다.
> ㉤ 토지 또는 건축물의 소유자, 지상권자 등은 과반수로 지역 또는 구역에서 건축물의 건축·대수선 또는 리모델링에 관한 협정을 체결할 수 있다.

① 1개 ② 2개 ③ 3개
④ 4개 ⑤ 5개

50 건축법령상 다음 설명 중 옳은 것은 모두 몇 개인가?

> ㉠ 건축허가를 받은 건축주는 동의하지 아니한 공유자에게 그 공유지분을 공시지가로 매도할 것을 청구할 수 있다.
> ㉡ 허가권자는 시정명령을 받은 자가 이를 이행하면 새로운 이행강제금의 부과나 이미 부과된 이행강제금은 징수하여야 한다.
> ㉢ 옥상광장 또는 2층 이상인 층에 있는 노대나 그 밖에 이와 비슷한 것의 주위에는 높이 1.2m 이상의 난간을 설치하여야 한다.
> ㉣ 건축주는 사용승인을 받은 후가 아니면 건축물을 사용하거나 사용하게 할 수 없다. 다만, 허가권자가 7일 이내에 사용승인서를 교부하지 아니한 경우에는 그러하지 아니하다.
> ㉤ 협정체결자 또는 건축협정운영회의 대표자는 건축협정을 폐지하려는 경우에는 협정체결자 전원의 동의를 받아 건축협정인가권자의 인가를 받아야 한다.

① 1개 ② 2개 ③ 3개
④ 4개 ⑤ 5개

III. 주택법

Thema 24 | 주택법 용어정의

1. 주택은 건축물의 전부 또는 일부 및 그 부속토지를 말한다.
2. **준주택**: 오피스텔, 기숙사, 다중생활시설, 노인복지주택
3. 국민주택은 국가자금＋85m² 이하(주거전용면적: 내부선)의 주택, 그 외(민영주택)
4. **세대구분형공동주택**: 구분소유할 수 없다.
   ① 승인: 욕실·부엌·현관＋전체 3분의 1 이하＋전체 주거전용합계 3분의 1 이하＋경계벽 설치
   ② 허가: 욕실·부엌·구분출입문＋기존포함 2세대 이하＋전체 10분의 1 이하＋동 전체 세대수 3분의 1 이하＋안전기준 충족
5. **도시형생활주택**
   ① 300세대 미만＋국민주택규모(85m² 이하)
   ② 아파트형(준주거·상업지역 도시형생활주택 외 주택건축), 단지형 다세대·연립(5층까지)
   ③ ②＋85m² 초과 1채
6. 부대는 필요한 것, 복리는 편리한 것, 기간은 연결이 필요한 것, 간선은 연결
7. **주택단지 구분**: 폭 8미터 이상 도시계획예정도로, 폭 20미터 이상 일반도로
8. 공구는 300세대 이상, 분할은 600세대 이상

---

51 주택법령상 용어정의에 관한 설명으로 옳은 것은 모두 몇 개인가?

> ㉠ 단독주택은 1세대가 하나의 건축물 안에서 독립된 주거생활을 할 수 있는 구조로 된 주택을 말하며, 그 종류에는 단독주택, 다중주택, 다가구주택이 있다.
> ㉡ 주택이란 세대의 구성원이 장기간 독립된 주거생활을 할 수 있는 구조로 된 부속토지를 제외한 건축물의 전부 또는 일부를 말한다.
> ㉢ 어린이놀이터, 자전거보관소, 유치원, 조경시설, 주민운동시설은 복리시설에 해당한다.
> ㉣ 준주택이란 주택 외의 건축물과 그 부속토지로서 주거시설로 이용 가능한 시설 등으로서 오피스텔, 기숙사, 다중생활시설, 노유자시설을 말한다.
> ㉤ 사업주체가 단독주택의 경우에는 100호, 공동주택의 경우에는 100세대(리모델링의 경우에는 늘어나는 세대수 기준) 이상의 주택건설사업을 시행하는 경우 또는 16,500m² 이상의 대지조성사업을 시행하는 경우 국가는 우체통인 간선시설을 설치하여야 한다.

① 1개 ② 2개 ③ 3개
④ 4개 ⑤ 5개

52 주택법령상 허가받아 건축하는 세대구분형 공동주택에 관한 설명으로 옳은 것은 모두 몇 개인가?

> ㉠ 세대구분형 공동주택은 세대별로 구분된 각각의 공간마다 별도의 욕실, 부엌과 현관을 설치한다.
> ㉡ 구분된 공간의 세대수는 기존 세대를 제외하고 2세대 이하이어야 한다.
> ㉢ 세대구분형 공동주택의 세대수가 해당주택단지 안의 공동주택 전체 세대수의 3분의 1을 넘으면 안 되며, 구분소유가 가능하다.
> ㉣ 하나의 세대가 통합하여 사용할 수 있도록 세대 간에 연결문 또는 경량구조의 경계벽 등을 설치한다.
> ㉤ 구조, 화재, 소방 및 피난안전 등 관계 법령에서 정하는 안전 기준을 충족하여야 한다.

① 1개 ② 2개 ③ 3개
④ 4개 ⑤ 5개

53 주택법령상 도시형 생활주택에 관한 설명으로 옳은 것은 모두 몇 개인가?

> ㉠ 아파트형주택, 단지형 연립주택, 단지형 다세대주택으로 도시지역에 건설하는 최대 300세대까지 도시형 생활주택이라 한다.
> ㉡ 단지형 다세대주택은 건축위원회의 심의를 받은 경우에는 주택으로 쓰는 층수를 최대 4개 층까지 건축할 수 있다.
> ㉢ 아파형주택과 단지형다세대주택을 함께 건축할 수 있다.
> ㉣ 아파트형주택은 세대별 주거전용면적이 185m^2 이하이어야 한다.
> ㉤ 아파트형주택과 주거전용면적이 85m^2 초과하는 주택 1세대를 함께 건축할 수 있다.

① 1개 ② 2개 ③ 3개
④ 4개 ⑤ 5개

Thema 25 주택건설사업주체

1. 국토교통부장관에게 등록(연간 20호 이상·20세대 이상, 연간 10,000m² 이상 대지조성)
   - 국·똘 제외
   ▷ 도시형생활주택: 30세대 이상
2. 자본금 3억 이상(개인 6억 이상), 기술자 1인 이상, 사무실
3. **6개층 이상 주택건설**: ① 6개층 이상 아파트 건설실적 ② 최근 3년간 300세대 이상 공동주택 건설실적
4. **결격사유**: 미·똘·파, 금고 이상 실형종료 2년·유예·등록말소 2년 지나지 않음
   ▷ 미성년자, 피성년후견인·피한정후견인, 복권 안된 파산자
5. 거짓, 대여는 등록을 말소하여야 한다.
6. 고용자 필요적 공동사업(시행하여야 한다), 토지소유자·주택조합 임의적 공동사업(시행할 수 있다)
7. 리모델링주택조합은 세대수 증가시 공동사업시행 가능

54 주택법령상 등록사업자에 관한 설명으로 옳은 것은 모두 몇 개인가?

㉠ 한국토지주택공사인 사업주체가 연간 20세대 이상 공동주택의 건설사업을 시행하려는 경우에는 국토교통부장관에게 등록하여야 한다.
㉡ 연간 단독주택 20호, 공동주택 20세대[(주거전용 면적이 85m² 초과하는 주택 1세대를 함께 건축하는 경우 포함)은 30세대] 이상의 주택건설사업을 시행하려는 자는 시·도지사에게 등록하여야 한다.
㉢ 등록이 말소된 후 3년이 지나지 아니한 자는 등록할 수 없다.
㉣ 고용자가 그 근로자의 주택을 건설하는 경우에는 등록사업자와 공동으로 사업을 시행하여야 한다.
㉤ 거짓이나 그 밖의 부정한 방법으로 등록한 경우에는 그 등록을 말소하여야 한다.

① 1개 ② 2개 ③ 3개
④ 4개 ⑤ 5개

| Thema 26 | 주택조합 |

☐ 지역주택조합 : 지역, 직장주택조합 : 직장, 리모델링주택조합 : 리모델링으로 표시
1. 주택조합은 지역·직장·[리모델링 : 집주인 모임(수인은 대표 1인)]으로 구분한다.
2. **지역·직장** : 인가(80% 이상 사용권원+15% 이상 소유권),
   리모델링 : 인가(전체 3분의 2 이상+동 과반수, 동만 3분의 2 이상 결의),
   리모델링 : 허가(전체 75% 이상+동 50% 이상, 동만 75% 이상 동의),
   직장 국민주택공급 : 신고
3. **자격** : 지역·직장공통(무주택자, 85m² 이하 1채), 지역(6개월 이상 거주), 직장국민주택공급(무주택자 한함)
4. **지역·직장조합모집** : 발기인(1년 거주), 50% 이상 권원확보, 예정세대수 50% 이상 조합원확보(조합원 20명 이상), 최초신고(공개모집), 충원신고 없이(선착순)
5. **인가후 충원** : 사망·무자격자(충원) 탈퇴·변경(세대수 50% 미만시 충원)
6. 자격판단은 설립인가신청일, 변경인가는 사업계획승인신청일
7. 탈퇴·환급(제명포함)은 자유롭다.
8. 지역·직장승인신청(2년 이내), 리모델링허가신청(2년 이내)
9. **임원** : 결격사유는 조합원이 아닌 조합임원 결격사유, 겸직금지, 결격사유시 퇴직 전 행위 영향 없다.
10. **조합해산** : 인가받고 3년이 되는 날까지 사업계획승인 받지 못할 때

55 주택법령상 주택조합에 관한 설명으로 옳은 것은 모두 몇 개인가?

> ㉠ 조합원이 무자격자로 판명되어 자격을 상실하는 경우 조합원수가 주택건설예정세대수의 2분의 1 미만이 되는 경우에는 조합원을 충원할 수 있다.
> ㉡ 주택조합(리모델링주택조합은 제외)은 주택건설 예정 세대수의 50% 이상의 조합원으로 구성하되, 조합원은 20명 이상이어야 한다.
> ㉢ 조합원을 모집하려는 자는 해당 주택건설대지의 50% 이상에 해당하는 토지의 사용권원을 확보하여 관할 시장·군수·구청장에게 신고하고, 공개모집의 방법으로 조합원을 모집하여야 한다.
> ㉣ 탈퇴한 조합원(제명된 조합원을 제외)은 조합규약으로 정하는 바에 따라 부담한 비용의 환급을 청구할 수 있다.
> ㉤ 조합원으로 추가모집되거나 충원되는 자가 조합원 자격 요건을 갖추었는지를 판단할 때에는 해당 사업계획승인신청일을 기준으로 한다.

① 1개　　② 2개　　③ 3개
④ 4개　　⑤ 5개

| Thema 27 | 주택상환사채 |

1. **발행권자**: 한국토지주택공사·등록사업자(보증필요)
2. **발행기준**: 법인(5억 이상), 건설업등록, 최근 3년간 연평균 300호 이상
3. 국토교통부장관 승인
4. **발행방법**: 기명증권(명의변경시 원부에 성명·주소기재 - 단 채권에는 성명만 기재)
5. 상환기간은 3년 초과 금지(사채발행일부터 주택공급체결일까지)
6. 중도해약가능(전원 국·내외 이주, 해외 2년 이상 체류)
7. 등록말소시 효력 영향 없다.
8. **납입금사용**: 택지구입, 건설자재구입, 건설공사비
   ☐ 조합과 관련된 비용에는 사용하지 않는다.

56 주택법령상 주택상환사채에 관한 설명으로 옳은 것은 모두 몇 개인가?

㉠ 지방공사가 발행하는 경우에는 금융기관 등에 보증을 받지 아니하고 발행할 수 있다.
㉡ 주택상환사채는 기명증권으로 하되 액면 또는 할인의 방법으로 발행한다.
㉢ 주택상환사채를 발행하려는 자는 주택상환사채발행계획을 수립하여 국토교통부장관의 승인을 받아야 한다.
㉣ 주택상환사채는 취득자의 성명을 채권에 기록하지 아니하면 사채발행자 및 제3자에게 대항할 수 없다.
㉤ 등록사업자의 등록이 말소된 경우에도 등록사업자가 발행한 주택상환사채의 효력에 영향을 미친다.

① 1개   ② 2개   ③ 3개
④ 4개   ⑤ 5개

Thema 28 주택건설절차

1. **승인**: ① 원칙: 30호 이상·30세대 이상, 10,000m² 이상 ② 예외: 한옥(50호 이상)
2. **승인권자**: ① 10만m² 이상(시·도, 대도시 시장), ② 10만m² 미만(시·군수),
   ③ 국토교통부장관(국·똘 시행, 국·장지정·고시)
3. **승인효과**: ① 최초(5년), 최초 외(2년)
   ② 최초(5년): 연장, 취소(할 수 있다) ③ 승인결정(60일 이내)
   ▢ 연장사유: 발굴허가, 조건지연, 불가항력, 소유권분쟁(소송절차 진행중인 경우만)
4. **대지소유권확보**(80% 이상 권원 - 단, 주택조합 95% 이상)
5. **매도청구(시가, 3개월 이상 협의)**: 5% 이상(10년 이후 자)·5% 미만(전원), 리모델링조합(비찬성자)
6. **환매**(매수·임차일 2년 이내), 주택법상 취소는 할 수 있다.(원칙)
7. **간선시설**: 설치자의무(100호 이상·100세대 이상, 16,500m² 이상), 사용검사일까지, 50% 이내 국가보조
8. **사용검사(사업주체 ⇨ 보증자 ⇨ 입주예정자대표회의)**: 사용검사권자(시·군·구청장, 국토교통부장관), 공구별·동별까지, 사용검사기간(신청일부터 15일)
   ▢ 임시사용승인 - 대지조성(구획별), 주택건설(동별), 공동주택(세대별)
9. **사용검사 후 매도청구**: 4분의 3 이상 동의(비동의자 영향미침), 2년 이내 송달, 구상권(사업주체)

57 주택법령상 사업계획승인에 관한 설명으로 옳은 것은 모두 몇 개인가?

> ㉠ 한국토지주택공사가 주택건설사업을 시행하는 경우에는 국토교통부장관에게 사용검사를 받아야 한다.
> ㉡ 주거전용 단독주택인 건축법령상의 한옥 30호 이상의 건설사업을 시행하려는 자는 사업계획승인을 받아야 한다.
> ㉢ 사업계획승인권자는 감리자가 업무수행 중 위반 사항이 있음을 알고도 묵인한 경우 그 감리자에 대하여 1년의 범위에서 감리업무의 지정을 제한할 수 있다.
> ㉣ 사업계획승인권자는 사업주체가 승인받은 날부터 5년 이내 공사를 시작하지 아니한 경우 그 사업계획의 승인을 취소하여야 한다.
> ㉤ 임시사용승인의 대상이 공동주택인 경우에는 동별로 임시사용승인을 할 수 있다.

① 1개 ② 2개 ③ 3개
④ 4개 ⑤ 5개

| Thema 29 | 주택공급 |

1. **입주자모집**: 승인(국·똘 제외), 신고(복리시설)
2. **마감재목록표**는 국·똘도 제출, 2년 이상 보관, 마감재 같은 질 이상, 예정자에게 통지
3. **분양가상한제 제외**: 도시형생활주택, 공공재개발, 관광특구 50층 이상·높이 150미터 이상
4. **분양가상한제, 조정대상지역**: 국토교통부장관지정 / **투기과열지구**: 시·도지사, 국토교통부장관
5. **분양가상한제, 투기과열지구, 조정대상지역 해제요청**: 시·군·구청장 가능
6. 저당권설정제한, 전매제한은 부기등기 필요
7. **공급질서교란금지**: 상속·저당 제외, 지위무효·계약취소(필요적)
8. **저당권 등 설정제한**: 입주자모집공고승인신청(동시부기) ~ 소유권이전등기 이후 60일까지
   ▷ 소유권보존등기+동시부기
9. 투기과열지구와 조정대상지역 재검토(국토교통부장관)는 반기마다
10. **전매제한특례**: 수도권 안에서 이전 제외, 전원이주·이전, 해외체류 2년 이상, 이혼 이전, 일부 배우자 증여)

58 주택법령상 공급에 관한 설명으로 옳은 것은 모두 몇 개인가?

㉠ 분양가상한제 적용지역은 시·도지사가 지정할 수 있다.
㉡ 입주자저축증서의 매매 알선행위는 주택공급질서 교란금지행위에 해당하지 않는다.
㉢ 도시형 생활주택도 분양가격의 제한을 적용받는다.
㉣ 국토교통부장관 또는 사업주체는 위법하게 증서 또는 지위를 양도하거나 양수한 자에 대하여는 그 주택 공급을 신청할 수 있는 지위를 무효로 하거나, 이미 체결된 주택의 공급계약을 취소할 수 있다.
㉤ 관광진흥법에 따라 지정된 관광특구에서 건설·공급하는 층수가 50층이고 높이가 140m인 아파트는 분양가상한제를 적용하지 아니한다.

① 1개   ② 2개   ③ 3개
④ 4개   ⑤ 5개

59 주택법령상 저당권 등 설정제한에 관한 설명으로 옳은 것은 모두 몇 개인가?

㉠ 사업주체는 주택건설사업에 의하여 건설된 주택 및 대지에 대하여는 입주자 모집공고 승인 신청일 이후부터 입주예정자가 그 주택 및 대지의 소유권이전등기를 신청할 수 있는 날 이후 60일까지의 기간 동안 입주예정자의 동의 없이 해당 주택 및 대지에 저당권 또는 가등기담보권 등 담보물권을 설정하는 행위를 하여서는 아니된다.
㉡ 부기등기는 주택건설대지에 대하여는 입주자 모집공고 승인신청과 동시에, 건설된 주택에 대하여는 소유권보존등기와 동시에 하여야 한다.
㉢ 사업주체가 한국토지주택공사인 경우에는 제한물권을 설정하거나 압류・가압류・가처분 등의 목적물이 될 수 없는 재산임을 소유권등기에 부기등기 하여야 한다.
㉣ 부기등기일 이후에 해당 대지 또는 주택을 양수하거나 제한물권을 설정 받은 경우 또는 압류・가압류・가처분 등의 목적물로 한 경우에는 그 효력을 취소할 수 있다.
㉤ 위반한 경우 벌칙은 2년 이하의 징역 또는 2천만원 이하의 벌금에 처한다.

① 1개 ② 2개 ③ 3개
④ 4개 ⑤ 5개

60 주택법령상 투기과열지구 및 조정대상지역에 관한 설명으로 옳은 것은 모두 몇 개인가?

㉠ 사업주체가 투기과열지구에서 건설・공급하는 주택의 입주자로 선정된 지위는 매매하거나 상속할 수 없다.
㉡ 국토교통부장관은 반기마다 중앙도시계획위원회의 회의를 소집하여 투기과열지구로 지정된 지역별로 투기과열지구 지정의 유지 여부를 재검토하여야 한다.
㉢ 주택공급이 있었던 직전 2개월간 해당 지역에서 공급되는 주택의 청약경쟁률이 5대 1을 초과하였거나 국민주택규모 이하 주택의 청약경쟁률이 10대 1을 초과한 곳은 투기과열지구와 조정대상지역의 공통적 지정기준이 된다.
㉣ 시・도지사는 주택의 분양・매매 등 거래가 위축될 우려가 있는 지역을 주거정책심의위원회의 심의를 거쳐 조정대상지역으로 지정할 수 있다.
㉤ 조정대상지역으로 지정된 지역의 시장・군수・구청장은 조정대상지역으로 유지할 필요가 없다고 판단되는 경우에는 시・도지사에게 그 지정의 해제를 요청할 수 있다.

① 1개 ② 2개 ③ 3개
④ 4개 ⑤ 5개

61 주택법령상 주택의 전매행위제한을 받는 주택임에도 불구하고 전매가 허용되는 경우에 해당하는 것은? (단, 전매에 필요한 다른 요건은 충족한 것으로 함)

① 상속에 따라 취득한 주택으로 세대원 전부 또는 일부가 이전하는 경우
② 세대원이 근무 또는 생업상의 사정이나 질병치료·취학·결혼으로 인하여 세대원 전원이 수도권에서 수도권으로 이전하는 경우
③ 세대원 전원 또는 일부가 해외로 이주하거나 5년의 기간 동안 해외에 체류하려는 경우
④ 입주자로 선정된 지위 또는 주택의 전부를 배우자에게 증여하는 경우
⑤ 이혼으로 인하여 입주자로 선정된 지위 또는 주택을 배우자에게 이전하는 경우

62 주택법령상 리모델링에 관한 설명으로 옳은 것은 모두 몇 개인가?

> ㉠ 대수선형 리모델링을 하려는 자는 국토교통부장관에게 안전진단을 요청하여야 하고, 안전진단을 요청받은 국토교통부장관은 해당 건축물의 대수선 가능 여부의 확인을 위하여 안전진단을 실시하여야 한다.
> ㉡ 기존 14층 건축물에 수직증축형 리모델링이 허용되는 경우 2개 층까지 증축할 수 있다.
> ㉢ 수직증축형 리모델링의 경우 리모델링주택조합의 설립인가신청서에 당해 주택이 사용검사를 받은 후 10년 이상의 기간이 경과하였음을 증명하는 서류를 첨부하여야 한다.
> ㉣ 시장·군수·구청장은 전문기관의 안전성 검토비용의 전부 또는 일부를 리모델링을 하려는 자에게 부담하게 할 수 있다.
> ㉤ 입주자·사용자 또는 관리주체가 공동주택을 리모델링하려고 하는 경우에는 시·도지사의 허가를 받아야 한다.

① 1개　　② 2개　　③ 3개
④ 4개　　⑤ 5개

63 주택법령상 다음 설명 중 틀린 것은?
① 리모델링의 허가를 신청하기 위한 동의율을 확보한 경우 리모델링 결의를 한 리모델링주택조합은 리모델링 결의에 찬성하지 아니하는 자의 주택 및 토지에 대하여는 매도청구를 할 수 있다.
② 한국토지주택공사가 총지분의 70% 출자한 부동산투자회사가 사업주체로서 입주자를 모집하려는 경우에는 시장·군수·구청장의 승인을 받을 필요가 없다.
③ 주택상환사채는 기명증권으로 하고, 채권자의 명의변경은 취득자의 성명과 주소를 사채원부에 기재하는 방법으로 한다.
④ 주택단지의 전체 세대수가 600세대인 주택건설사업을 시행하려는 자는 주택단지를 공구별로 분할하여 주택을 건설·공급할 수 있다.
⑤ 세대수를 증가하는 리모델링주택조합이 그 구성원의 주택을 건설하는 경우에는 등록사업자와 공동으로 사업을 시행할 수 없다.

64 주택법령상 다음 설명 중 옳은 것은?
① 주택을 마련하기 위하여 지역·직장주택조합의 설립 인가를 받으려는 자는 해당 주택건설대지의 80% 이상에 해당하는 토지의 사용권원 및 주택건설대지의 10% 이상에 해당하는 토지의 소유권을 확보하여야 한다.
② 국민주택을 공급받기 위하여 직장주택조합을 설립하려는 자는 관할 시장·군수·구청장에게 인가를 받아야 한다.
③ 주택건설대지면적 중 100분의 95 이상에 대해 사용권원을 확보한 경우에는 사용권원을 확보하지 못한 대지의 모든 소유자에게 공시지가로 매도청구할 수 있다.
④ 미성년자·피성년후견인 또는 피한정후견인의 선고가 취소된 자는 기간에 상관없이 주택건설사업의 등록을 할 수 있다.
⑤ 지방공사가 복리시설의 입주자를 모집하려는 경우 시장·군수·구청장에게 신고를 하여야 한다.

65 주택법령상 다음 설명 중 틀린 것은?

① 국민주택규모란 「수도권정비계획법」에 따른 수도권을 제외한 도시지역이 아닌 읍 또는 면 지역은 1호 또는 1세대당 주거전용면적이 100㎡ 이하인 주택을 말한다.
② 사업주체가 주택건설대지면적 중 100분의 95에 대하여 사용권원을 확보한 경우, 사용권원을 확보하지 못한 대지의 모든 소유자에게 매도청구를 할 수 있다.
③ 철도·고속도로·자동차전용도로, 폭 20m 이상인 일반도로, 폭 8m 이상인 도시계획예정도로시설로 분리된 토지는 각각 별개의 주택단지로 본다.
④ 주택조합에서 지위가 상실된 발기인 또는 퇴직된 임원이 지위 상실이나 퇴직 전에 관여한 행위는 그 효력을 상실하지 아니한다.
⑤ 한국토지주택공사가 견본주택을 건설하는 경우에는 견본주택에 사용되는 마감자재 목록표와 견본주택의 각 실의 내부를 촬영한 영상물을 시장·군수·구청장에게 제출할 의무가 없다.

66 주택법령상 다음 설명 중 옳은 것은?

① 주택상환사채의 발행에 관하여 「상법」에서 규정한 것 외에는 「주택법」 중 사채발행에 관한 규정을 적용한다.
② 주택조합은 설립인가를 받은 날부터 3년 이내에 사업계획승인(사업계획승인 대상이 아닌 리모델링인 경우에는 허가)을 신청하여야 한다.
③ 주택조합은 설립인가를 받은 날부터 5년이 되는 날까지 사업계획승인을 받지 못하는 경우 대통령령으로 정하는 바에 따라 총회의 의결을 거쳐 해산 여부를 결정하여야 한다.
④ 임대주택을 건설하는 경우 등 국토교통부령으로 정하는 경우에는 조성원가를 기준으로 할 수 있다.
⑤ 간선시설의 설치비용은 설치의무자가 부담한다. 이 경우 도로 및 상하수도시설의 설치비용은 그 비용은 국가가 보조할 수 없다.

67 주택법령상 다음 설명 중 틀린 것은?

① 복리시설의 소유권이 여러 명의 공유에 속할 때에는 한 명을 조합원으로 본다.
② 도시형 생활주택 중 단지형 다세대주택과 아파트형주택은 함께 건축할 수 없다.
③ 체비지의 양도가격은 「감정평가 및 감정평가사에 관한 법률」에 따른 감정평가법인 등이 감정평가한 감정가격을 기준으로 한다.
④ 도로·상하수도·전기시설·가스시설·통신시설 및 지역난방시설은 기간시설에 해당한다.
⑤ 시장·군수·구청장은 마감자재 목록표와 영상물 등을 사용검사가 있은 날 부터 1년 이상 보관하여야 하며, 입주자가 열람을 요구하는 경우에는 이를 공개하여야 한다.

68 주택법령상 다음 설명 중 옳은 것은?

① 국가 또는 지방자치단체는 국·공유지를 매수하거나 임차한 자가 2년 이내에 국민주택규모의 주택 또는 조합주택을 건설하지 아니하거나 그 주택을 건설하기 위한 대지조성사업을 시행하지 아니한 경우에는 환매하거나 임대계약을 취소하여야 한다.
② 토지임대부 분양주택의 토지에 대한 임대차기간은 50년 이내로 한다. 이 경우 토지임대부 분양주택 소유자의 75퍼센트 이상이 계약갱신을 청구하는 경우 50년의 범위에서 이를 갱신할 수 있다.
③ 사업계획승인권자는 사업계획승인의 신청을 받았을 때에는 정당한 사유가 없으면 30일 이내에 사업주체에게 승인 여부를 통보하여야 한다.
④ 국토교통부장관 또는 지방자치단체의 장은 주택건설사업 등의 등록말소, 주택조합의 설립인가취소, 사업계획승인의 취소, 행위허가의 취소처분을 하려면 청문을 하여야 한다.
⑤ 주택조합으로 인가를 받으려는 경우 주택단지 전체를 리모델링하려면 주택단지 전체의 구분소유자 및 의결권의 각 75% 이상의 동의와 각 동별의 구분소유자 및 의결권의 각 50% 이상의 동의가 필요하다.

Ⅳ. 농지법

Thema 30 | 농지법 총칙 & 소유 & 이용

1. **농지 제외**: 전·답·과수원이 아닌 이용 3년 미만, 임야, 초지, 조경목적
2. **농업인**: 1,000㎡ 이상 경작, 1년 90일 이상 농업종사, 330㎡ 이상(비닐), 대가축 2두 이상, 중가축 10두 이상, 소가축 100두 이상, 가금 1000수 이상, 꿀벌 10군 이상, 1년 축산업·연간판매액: 120 이상
3. **농업법인**(3분의 1 이상), 자경(2분의 1 이상), 농지법 외 특례없다.
4. **소유상한**: 상속·8년 이상 이농(10,000㎡ 이내) – 임대·무상사용: 초과가능
   주말체험 1,000㎡ 미만(세대원 전원기준) – 농업진흥지역 외
5. **농민자격발급**(시·구·읍·면장) – 계획서(7일), 계획서 면제(4일), 농지위원회심의(14일)
   ↳ 계획서 면제·발급(학교등, 전용), 발급 제외(어농, 전용협의)
   ↳ 어농: 국가등소유, 상속, 담보농지, 시효완성, 토지수용, 합병, 분할, 전용협의
6. **농지처분**: 1년 이내(초과부분 한함 – 농업회사 요건안맞음 3개월 지남, 2년 목적사업 착수안함), 매수자(한국농어촌공사), 매수가격(공시지가 원칙, 실제가격 낮으면 실제가격)
   ↳ 6개월(처분명령–시·군·구청장): 거짓, 처분기간 지남, 법인위반
7. **이행강제금**: 감정가격 또는 개별공시지가 중 더 높은 금액 100분의 25, 1년 1회
8. **위탁경영**(국외여행·부상 3개월 이상, 노동력 부족 일부위탁, 법인청산)
9. **대리경작**: 시·군·구청장, 기간은 자유(단, 따로 정하지 않으면 3년), 사전고지, 이의신청(10일), 결과통지(7일), 수확량 10%·2개월 내 지급, 공탁가능
10. **임대차**: 3년 이상(기간 정하지 않음·3년 미만 정함: 3년), 다년·비닐(5년 이상), 징집·취학·선거 등(3년 미만).
    종료명령(시·군·구청장), 등기 안된 경우 확인(시·구·읍·면장)받아 다음날 효력발생, 주말체험영농목적 임대업자에게도 가능

69 농지법령상 농지소유에 관한 설명으로 옳은 것은 모두 몇 개인가?

㉠ 「초지법」에 따라 조성된 초지는 농지에 해당한다.
㉡ 농업경영을 통한 농산물의 연간 판매액이 120만원인 자는 농업에 종사하는 개인으로서 농업인에 해당한다.
㉢ 대가축 2두, 중가축 10두, 소가축 100두, 가금 1천수 또는 꿀벌 10군 이상을 사육한 자는 농업에 종사하는 개인으로서 농업인에 해당한다.
㉣ 8년 이상 농업경영을 한 후 이농한 자는 이농 당시 소유농지 중에서 총 1만m^2까지만 소유할 수 있다.
㉤ 농지전용허가를 받은 자가 농지를 취득하는 경우에는 농지취득자격증명을 발급받을 필요는 없다.

① 1개 ② 2개 ③ 3개
④ 4개 ⑤ 5개

70 농지법령상 농지취득자격증명에 관한 설명으로 옳은 것은 모두 몇 개인가?

㉠ 주말·체험영농을 하려는 자란 개인이 아닌 농업인의 소유로 주말 등을 이용하여 취미생활이나 여가활동으로 농작물을 경작하거나 다년생식물을 재배하는 것을 말한다.
㉡ 주말·체험영농을 하려고 농업진흥지역 외의 농지를 소유하는 경우에는 항상 주말·체험영농계획서는 면제되지만 농지취득자격증명은 발급받아야 된다.
㉢ 증여를 원인으로 농지를 취득하려는 자는 농지 소재지를 관할하는 시장·구청장·읍장 또는 면장에게서 농지취득자격증명을 발급받아야 한다.
㉣ 농지법에서 허용된 경우 외에는 농지 소유에 관한 특례를 정할 수 있다.
㉤ 농업경영계획서를 작성하여 농지취득자격증명의 발급신청을 받은 때에는 시·구·읍·면장이 그 신청을 받은 날부터 7일 이내에 신청인에게 농지취득자격증명을 발급하여야 한다.

① 1개 ② 2개 ③ 3개
④ 4개 ⑤ 5개

71 농지법령상 대리경작에 관한 설명으로 옳은 것은 모두 몇 개인가?

⊙ 대리경작자의 지정예고에 대하여 이의가 있는 농지의 소유권 또는 임차권을 가진 자는 지정예고를 받은 날부터 10일 이내에 시장·군수 또는 구청장에게 이의를 신청할 수 있다.
ⓒ 유휴농지의 대리경작자는 수확량의 100분의 20을 수확 후 2개월 이내 그 농지의 소유권자나 임차권자에게 토지사용료로 지급하여야 한다.
ⓒ 대리경작기간은 따로 정하지 아니하면 3년으로 한다.
ⓔ 시장·군수 또는 구청장은 지력의 증진이나 토양의 개량·보전을 위하여 필요한 기간 동안 휴경하는 농지에 대하여 그 농지의 소유권자나 임차권자를 대신하여 농작물을 경작할 자를 직권으로 지정할 수 있다.
ⓜ 대리경작 농지의 소유권자 또는 임차권자가 그 농지를 스스로 경작하려면 대리경작 기간이 끝나기 3개월 전까지, 그 대리경작기간이 끝난 후에는 대리경작자 지정을 중지할 것을 시장·군수 또는 구청장에게 신청하여야 한다.

① 1개 ② 2개 ③ 3개
④ 4개 ⑤ 5개

72 농지법령상 농지의 임대차에 관한 설명으로 옳은 것은 모두 몇 개인가? (단, 농업경영을 하려는 자에게 임대하는 경우이며, 국유농지와 공유농지가 아님을 전제로 한다)

⊙ 임대차 기간은 2년 이상(이모작을 위하여 8개월 이내로 임대하거나 무상사용하게 하는 경우는 제외)으로 하여야 한다.
ⓒ 다년생식물 재배지 등 대통령령으로 정하는 농지의 경우에는 임대차 기간을 5년 이상으로 하여야 한다.
ⓒ 임대 농지의 양수인은 농지법에 따른 임대인의 지위를 승계한 것으로 보지 않는다.
ⓔ 임대차계약은 그 등기가 없는 경우에도 임차인이 농지소재지를 관할하는 시·군·구의 장의 확인을 받고, 해당 농지를 인도받은 경우에는 그 다음 날부터 제3자에 대하여 효력이 생긴다.
ⓜ 임대차계약은 서면계약을 원칙으로 한다.

① 1개 ② 2개 ③ 3개
④ 4개 ⑤ 5개

Thema 31 │ 농지법 보전 & 보칙

1. **농업진흥지역 지정**: 시·도지사 지정, 녹지(특별시 녹지 제외)·관리·농림·자연환경보전지역, 농림축산식품부장관 승인
2. 농업진흥구역(집단화), 농업보호구역(농업진흥구역 용수원보호)
   - 보호행위제한(~미만) : 태양 1만m^2, 관광 2만m^2, 주말 3천m^2
3. 전용허가(농림축산식품부장관), 전용신고(시·군·구청장), 전용협의(농림축산식품부장관)
   - 농지전용위임(시·도지사) : 안(3천m^2 이상 − 3만m^2 미만), 밖(3만m^2 이상 − 30만m^2 미만)
   - 농지전용위임(시·군·구청장) : 안(3만m^2 미만), 밖(30만m^2 미만)
4. 전용허가 필요적 취소(명령위반)
5. 타용도일시사용 허가·신고(시·군·구청장)
6. 농지보전부담금 − 전용만 납부, 가산금(100분의 3, 농림축산식품부장관 부과)
7. **농지위원회**: 시·구·읍·면, 위원장 포함 10~20, 위원장 호선
8. **농지대장**: 모든 농지 필지별, 10년(보존), 60일(변경신청), 열람(공무원 참여), 시·구·읍·면장(작성)
9. 행정청
   ① 시·구·읍·면장: 농지취득자격증명, 등기가 없는 경우 임대차확인, 농지위원회, 농지대장
   ② 시·군·구청장: 농지처분명령, 이행강제금, 임대차종료명령, 대리경작지정, 농지전용신고, 일시사용허가·신고
   ③ 시·도지사: 농업진흥지역지정
   ④ 농림축산식품부장관: 농업진흥지역 지정승인, 농지전용허가, 농지전용협의, 독촉장·가산금

73 농지법령상 농업진흥지역에 관한 설명으로 옳은 것은 모두 몇 개인가?

㉠ 농업진흥지역 지정은 녹지지역·관리지역·농림지역 및 자연환경보전지역을 대상으로 하지만 특별시와 광역시의 녹지지역은 제외한다.
㉡ 농업진흥지역의 농지를 소유하고 있는 농업인 또는 농업법인은 한국농어촌공사에 그 농지의 매수를 청구할 수 있다.
㉢ 농업보호구역 안에서는 농어촌정비법에 따른 주말농원사업으로 설치하는 시설로서 그 부지가 3천m² 미만인 것에 한하여 적용된다.
㉣ 농지조성사업 또는 농업기반정비사업이 시행되었거나 시행 중인 지역으로서 농업용으로 이용하고 있거나 이용할 토지가 집단화되어 있는 지역을 농업보호구역이라고 한다.
㉤ 농업진흥지역은 농림축산식품부장관이 지정한다.

① 1개　　② 2개　　③ 3개
④ 4개　　⑤ 5개

74 농지법령상 농지전용에 관한 설명으로 옳은 것은 모두 몇 개인가?

㉠ 농지를 전용하려는 자는 농림축산식품부장관의 허가를 받아야 한다.
㉡ 농지를 농·축산업용시설의 부지로 전용하려는 자는 시장·군수 또는 자치구구청장에게 신고하여야 한다.
㉢ 농지전용허가를 받는 자는 농지의 보전·관리 및 조성을 위한 부담금을 농지관리기금을 운용·관리하는 자에게 내야 한다.
㉣ 농업진흥지역 안의 3천m² 이상 3만m² 미만의 농지의 전용은 농림축산식품부장관이 시·도지사에게 전용허가를 위임한다.
㉤ 농지의 타용도 일시사용허가를 받는 자는 농지보전부담금을 납입하여야 한다.

① 1개　　② 2개　　③ 3개
④ 4개　　⑤ 5개

75 농지법령상 다음 설명 중 틀린 것은?

① 농지의 소유자는 농지처분명령을 받으면 한국농어촌공사에 그 농지의 매수를 청구할 수 있으며, 매수청구를 받으면 공시지가를 기준으로 해당 농지를 매수할 수 있다.
② 한국농어촌공사에 위탁하여 농지를 임대하거나 무상사용하게 하는 경우에는 소유상한을 초과할지라도 그 기간에는 그 농지를 계속 소유할 수 있다.
③ 농업법인이 청산 중인 경우에는 위탁경영을 할 수 있다.
④ 임대인은 질병, 징집 등 불가피한 사유가 있는 경우에는 임대차 기간을 3년 미만으로 정할 수 있다.
⑤ 농지전용허가를 받은 자가 조업의 중지명령을 위반한 경우에는 그 허가를 취소할 수 있다.

76 농지법령상 다음 설명 중 틀린 것은?

① 한국농어촌공사는 매수청구를 받으면 감정평가법인 등이 평가한 금액을 기준으로 해당 농지를 매수할 수 있다.
② 시장·군수 또는 구청장은 유휴농지를 경작하려는 자의 신청을 받아 대리경작자를 지정할 수 있다.
③ 시·구·읍·면의 장은 제출되는 농업경영계획서를 10년간 보존하여야 한다.
④ 주말·체험영농을 하려는 사람은 총 1천 제곱미터 미만의 농지를 소유할 수 있으며, 면적 계산은 그 세대원 전부가 소유하는 총면적으로 한다.
⑤ 시장·군수·구청장은 처분명령을 받은 후 정당한 사유 없이 지정기간 까지 그 처분명령을 이행하지 아니한 자에게 해당농지의 토지가액의 100분의 20에 해당하는 이행강제금을 부과한다.

V. 도시개발법

Thema 32 도시개발구역 지정

1. 주거·상업·공업·생산녹지지역의 면적합계 100분의 30 이하.
   국토교통부장관 지정(자연환경보전지역 제외): 도시개발구역 지정 후 계획수립
2. **동의자 수**: 국·공유지 포함, 수인(1인 대표), 집합(각각 소유자), 기존 토지소유자 동의서 기준
3. **지정권자**: 특·광·특자시·특자도·도·대도시 시장(원칙),
   국토교통부장관(예외: 중앙요청, 공공기관·정부출연기관의 장 30만m² 이상 제안, 천재지변)
   ▫ 지방공사는 제안권자 중 공공기관(~공사)에 해당하지 않는다.
4. **지정제안**: 국가·지방자치단체·조합 제외
5. **도시개발구역 지정규모**: ① 도시지역 중 공업: 30,000m² 이상
   ② 나머지(보전녹지 ×): 10,000m² 이상(분할포함)
6. 공람기간 후 공청회(100만m² 이상), 국토교통부장관과 협의(50만m² 이상)
7. 개발행위 허가시 죽목벌채 및 식재 포함(건, 물, 토, 토, 토, 죽), 관상용 죽목 임시식재는 허가대상 아님
   ▫ 기득권 보호: 30일 이내 신고
8. 지정해제(다음 날) - 개발계획 2년, 실시계획 3년, 그 외(330만m² 이상) 5년
9. **전부환지**: ① 토지소유자나 조합(토지수용 ×)
   ② 지방자치단체·~공사(국·공유지 제외 면적 2분의 1+소유자 2분의 1 동의)
10. **시행자변경**: 1년 이내 인가신청 아니한 경우, 2년 이내 사업착수 아니한 경우, 취소, 파산
    ▫ 한국부동산원은 시행자가 아니다.

77 도시개발법령상 도시개발구역을 지정한 후에 개발계획을 수립할 수 있는 경우가 <u>아닌</u> 것은?

① 국토교통부장관이 지역균형발전을 위하여 관계 중앙행정기관의 장과 협의하여 농림지역에 도시개발구역을 지정하려는 지역
② 보전관리지역에 도시개발구역을 지정하려는 지역
③ 자연녹지지역에 도시개발구역을 지정하려는 지역
④ 도시개발구역 지정면적의 100분의 40 이하인 생산녹지지역에 도시개발구역을 지정하려는 지역
⑤ 개발계획을 공모할 때

78 도시개발법령상 도시개발구역의 지정에 관한 설명으로 옳은 것은 모두 몇 개인가?

> ㉠ 시행자가 도시개발사업에 관한 실시계획의 인가를 받은 후 1년 이내에 사업을 착수하지 아니한 경우에는 시행자를 변경할 수 있다.
> ㉡ 지정권자는 100만m² 이상의 도시개발구역을 지정하려면 국토교통부장관과 협의하여야 한다.
> ㉢ 도시개발구역을 둘 이상의 사업시행지구로 분할하는 경우 분할 후 각 사업시행지구의 면적이 각각 3만m² 이상이어야 한다.
> ㉣ 한국수자원공사의 장이 30만 제곱미터 규모로 국가계획과 밀접한 관련이 있는 도시개발구역의 지정을 제안하는 경우에는 국토교통부장관이 도시개발구역을 지정할 수 있다.
> ㉤ 시장(대도시 시장은 제외한다)·군수 또는 구청장은 시·군·구 도시계획위원회의 자문을 한 후 시·도지사에게 도시개발구역의 지정을 요청할 수 있다.

① 1개 ② 2개 ③ 3개
④ 4개 ⑤ 5개

79 도시개발법령상 특별시장·광역시장·특별자치도지사·시장 또는 군수의 허가대상에 해당하는 경우는 모두 몇 개인가?

> ㉠ 도시개발구역에 남겨두기로 결정된 대지에서 물건을 쌓아놓는 행위
> ㉡ 관상용 죽목의 경작지에서의 임시식재
> ㉢ 경작을 위한 토지의 형질변경
> ㉣ 재해 복구 또는 재난 수습에 필요한 응급조치
> ㉤ 도시개발구역의 개발에 지장을 주지 아니하고 자연경관을 훼손하지 아니하는 범위에서의 토석채취

① 1개 ② 2개 ③ 3개
④ 4개 ⑤ 5개

80 도시개발법령상 도시개발구역의 개발구역지정 해제의제에 관한 설명으로 옳은 것은 모두 몇 개인가?

> ㉠ 도시개발구역이 지정·고시된 날부터 3년이 되는 날까지 개발계획을 수립·고시하지 아니하는 경우에는 그 3년이 되는 날의 다음 날에 해제된 것으로 본다.
> ㉡ 개발계획을 수립·고시한 날부터 3년이 되는 날까지 실시계획 인가를 신청하지 아니하는 경우에는 그 3년이 되는 날에 해제된 것으로 본다.
> ㉢ 330만m² 이상인 경우 도시개발구역이 지정·고시된 날부터 3년이 되는 날까지 실시계획의 인가를 신청하지 아니하는 경우에는 그 3년이 되는 날의 다음 날에 해제된 것으로 본다.
> ㉣ 도시개발사업의 공사완료의 공고일 다음 날에 해제된 것으로 본다.
> ㉤ 도시개발사업의 공사완료로 도시개발구역의 지정이 해제의제된 경우에는 도시개발구역의 용도지역은 해당 도시개발구역 지정 전의 용도지역으로 환원된 것으로 보지 아니한다.

① 1개　　② 2개　　③ 3개
④ 4개　　⑤ 5개

81 도시개발법령상 시행자 변경사유에 해당하지 않는 것은?
① 행정처분으로 실시계획의 인가가 취소된 경우
② 시행자의 파산사유로 인해 도시개발사업의 목적을 달성하기 어렵다고 인정되는 경우
③ 행정처분으로 시행자의 지정이 취소된 경우
④ 실시계획의 인가를 받은 후 2년 이내에 사업을 착수하지 아니하는 경우
⑤ 환지방식으로 사업을 시행하는 경우에 시행자로 지정된 토지소유자가 도시개발구역의 지정 고시일로부터 1년 이내(연장이 불가피한 경우 1년의 범위에서 연장)에 도시개발사업에 관한 실시계획의 인가를 신청하지 아니하는 경우

Thema 33 도시개발조합

1. **지정권자 인가**: ① 토지소유자 7인 이상 ② 사무소·공고방법변경은 신고, ③ 인가신청 전 철회가능 ④ 면적 3분의 2 이상 + 소유자 2분의 1 이상 동의(국·공유지 포함)
2. **법인**: 30일 이내 등기
3. **조합원**: 토지소유자에 한함, 평등한 의결권, 징수위탁(100분의 4)
4. **임원**: ① 조합장·이사·감사 ② 의결권 가진 조합원
   ③ 결격사유(미·똘·파·2년·유예): 다음날 자격상실
   ④ 조합장·이사의 자기를 위한 조합과 계약 조합대표는 감사
5. **대의원회**: ① 조합원(토지소유자) 50인 이상 둘 수 있다. ② 조합원 총수 100분의 10 이상 선출
6. **총회권한**: 정관변경, 개발계획수립·변경, 조합임원선임, 조합합병·해산, 환지계획서 작성

   ▷ 대의원회 대행 가능: 실시계획수립, 환지예정지지정, 청산금징수·교부완료 후 해산

---

82 도시개발법령상 도시개발조합에 관한 설명으로 옳은 것은 모두 몇 개인가?

> ㉠ 조합의 조합원은 도시개발구역 안의 토지소유자로 하며 조합원은 보유토지의 면적에 비례하여 의결권을 갖는다.
> ㉡ 조합장 자기를 위한 조합과의 계약에 관하여는 감사가 조합을 대표한다.
> ㉢ 의결권을 가진 조합원의 수가 100명인 조합은 총회의 권한을 대행하게 하기 위하여 대의원회를 둘 수 있다.
> ㉣ 조합설립의 인가를 신청하고자 하는 때에는 당해 도시개발구역 안의 토지면적의 3분의 2 이상에 해당하는 토지소유자 또는 그 구역 안의 토지소유자 총수의 2분의 1 이상의 동의를 얻어야 한다.
> ㉤ 파산선고를 받은 자로서 복권되지 아니한 자는 조합원뿐만 아니라 조합임원도 될 수 없다.

① 1개 ② 2개 ③ 3개
④ 4개 ⑤ 5개

83 도시개발법령상 도시개발조합에서 대의원회에서 총회 권한 대행이 가능한 경우는?
① 조합의 합병 ② 실시계획의 수립·변경
③ 정관변경 ④ 감사의 선임
⑤ 환지계획의 작성

Thema 34 도시개발사업

1. **실시계획**: 지구단위계획 필요적 포함, 지정권자 인가, 경미(착오·100분의 10의 범위: 변경인가 ×)
2. **시행방식**: 수용·사용(집단화), 환지(지가·효용), 혼용
   - 시행방식변경: 공공시행자(수용·사용 ⇨ 전부환지, 수용·사용 ⇨ 혼용, 혼용 ⇨ 전부환지) 조합제외 민간시행자(수용·사용 ⇨ 혼용)
3. **선수금**: ① 전부 또는 일부 ② 공공(면적 100분의 10 이상 소유권 확보), 민간(공사진척률 100분의 10 이상)
4. **원형지**: ① 공급대상면적 도시개발구역 전체토지면적 3분의 1 이내 한정 ② 이행조건 붙일 수 있다.
   ③ 매각제한(국가 및 지방자치단체 제외): 공사완료공고일 5년, 공급 계약일부터 10년
   ④ 공급계약해제(2회 이상 시정요구): 매각, 미착수, 지연, 위반행위
   ⑤ 경쟁입찰 후 수의계약
5. **조성토지**: ① 지정권자 승인 ② 경쟁입찰, 추첨(공, 단, 국민, 면적 초과), 수의계약
   ③ 공급가격특례(감정가격 이하): 공공청사, 사회복지시설(유료시설 제외), 임대주택, 폐기물처리시설, 국민주택규모 이하
   - 추첨방법: 공장, 주택법 공공택지, 330m² 이하 단독주택, 국민주택규모 이하, 공급신청량 계획면적 초과
6. 환지부지정(동의 필요), 증환지(면적 늘림, 제외), 감환지(면적줄임, 제외 안됨), 입체환지(신청)
7. 체비지(경비충당)는 보류지에 포함된다.
8. 환지예정지 지정시 처분못함, 단 체비지는 처분가능
9. ① 소유권취득: 다음 날(단 등기는 등기 마친 날) ② 소멸(끝나는 날)
   ③ 행정상·재판상처분(영향 미치지 않음)
   - 취득: 체비지(시행자), 보류지(환지계획에서 정한 자)
10. **청산금**: 확정(다음 날), 분할가능, 위탁징수(비행정청, 100분의 4), 소멸시효 5년

84 도시개발법령상 수용·사용방식에 관한 설명으로 옳은 것은 모두 몇 개인가?

> ㉠ 시행자는 도시개발사업에 필요한 토지 등을 수용 또는 사용할 수 있다.
> ㉡ 민간사업시행자(조합은 제외)는 사업대상 토지면적의 3분의 2 이상에 해당하는 토지를 소유하고 토지 소유자 총수의 2분의 1 이상에 해당하는 자의 동의를 받아야 한다.
> ㉢ 시행자(지정권자가 시행자인 경우는 제외)는 해당 대금의 전부 또는 일부를 미리 받으려면 지정권자의 승인을 받아야 한다.
> ㉣ 공급될 수 있는 원형지의 면적은 도시개발구역 전체 토지 면적의 2분의 1 이내로 한정한다.
> ㉤ 원형지를 공급받아 개발하는 지방자치단체는 원형지 공급계약일부터 10년이 지나기 전까지는 매각할 수 없다.

① 1개　　② 2개　　③ 3개
④ 4개　　⑤ 5개

85 도시개발법령상 수용 또는 사용방식에 의한 도시개발사업으로 조성된 토지 등을 추첨에 의한 방법으로 공급할 수 없는 경우는?

① 330m² 이하의 단독주택용지를 공급하는 경우
② 국민주택규모 이하의 주택건설용지
③ 토지상환채권에 의하여 토지를 상환하는 경우
④ 공공택지
⑤ 공장용지

86 도시개발법령상 환지처분에 관한 설명으로 옳은 것은 모두 몇 개인가?

> ㉠ 환지계획의 작성에 따른 환지 계획의 기준, 보류지의 책정 기준 등에 관하여 필요한 사항은 대통령령으로 정한다.
> ㉡ 시행자는 토지 면적의 규모를 조정할 특별한 필요가 있으면 면적이 작은 토지는 과소(過小) 토지가 되지 아니하도록 면적을 늘려 환지를 정할 수는 있지만 환지 대상에서 제외할 수 없다.
> ㉢ 토지소유자의 신청 또는 동의가 있는 때에는 임차권자 등의 동의가 없더라도 해당 토지의 전부 또는 일부에 대하여 환지를 정하지 아니할 수 있다.
> ㉣ 환지계획구역의 평균 토지부담률을 50%를 초과할 수 없다. 다만, 환지계획구역의 토지소유자 총수의 3분의 2 이상이 동의하는 경우에는 60%를 초과하여 정할 수 있다.
> ㉤ 체비지는 환지계획에서 정한 자가 환지처분이 공고된 날에 해당 소유권을 취득한다.

① 1개 ② 2개 ③ 3개
④ 4개 ⑤ 5개

Thema 35 채권비교

1. **도시개발채권**: 발행권자(시·도지사), 승인(행정안전부장관)
2. **도시개발채권 발행방법**: 무기명, 이율(조례), 상환(5~10년) 소멸시효(원금 5년, 이자 2년)
3. **도시개발채권 매입**: 매입의무(도급, 토지형질변경), 중도상환(착오·초과), 매입필증보관(5년)
4. **토지상환채권**: 발행권자(모든 시행자), 승인(지정권자), 보증(민간사업자), 일부지급
5. **토지상환채권 발행방법**: 기명증권(명의이전 대항력: 성명·주소), 이율(발행자)
6. **토지상환채권 발행규모**: 면적 2분의 1 초과하지 않음
7. **토지상환채권 발행계획 포함**: 이율, 발행총액, 시행자 명칭, 발행시기, 보증내용, 추산방법, 발행가액

87 도시개발법령상 채권에 관한 설명으로 옳은 것은 모두 몇 개인가?

> ㉠ 토지상환채권의 이율은 발행 당시의 금융기관의 예금금리 및 부동산 수급상황을 고려하여 지정권자가 정한다.
> ㉡ 토지상환채권의 발행규모는 그 토지상환채권으로 상환할 토지·건축물이 해당 도시개발사업으로 조성되는 분양토지 또는 분양건축물의 2분의 1을 초과하지 아니하여야 한다.
> ㉢ 토지상환채권은 기명식 증권으로 발행되며 이전이 불가능하다.
> ㉣ 도시개발채권의 소멸시효는 상환일부터 기산하여 원금은 5년, 이자는 2년으로 한다.
> ㉤ 시·도지사는 도시개발채권을 발행하려는 경우 채권의 발행총액에 대하여 행정안전부장관에게 승인을 받아야 한다.

① 1개 ② 2개 ③ 3개 ④ 4개 ⑤ 5개

88 도시개발법령상 다음 설명 중 옳은 것은 모두 몇 개인가?

> ⊙ 도시개발조합을 설립하려면 도시개발구역의 토지 소유자 5명 이상이 정관을 작성하여 지정권자에게 조합설립의 인가를 받아야 한다.
> ⓒ 도시개발구역의 토지면적을 산정하는 경우, 국·공유지를 제외하여 산정하여야 한다.
> ⓒ 도시개발구역의 토지에 대한 지역권은 종전의 토지에 존속한다. 다만, 도시개발사업의 시행으로 행사할 이익이 없어진 지역권은 환지처분이 공고된 날이 끝나는 때에 소멸한다.
> ⓔ 토지상환채권을 질권의 목적으로 하는 경우에는 질권자의 성명과 주소가 토지상환채권원부에 기재되지 아니하면 질권자는 발행자 및 그 밖의 제3자에게 대항하지 못한다.
> ⓜ 공공사업시행자가 도시개발사업의 시행방식을 수용 또는 사용방식에서 전부 환지방식으로 변경할 수 있다.

① 1개 ② 2개 ③ 3개
④ 4개 ⑤ 5개

VI. 도시 및 주거환경정비법

Thema 36 정비법용어 & 지정

1. 주거환경개선(극히열악·과도밀집), 재개발(열악·밀집), 재건축(양호·밀집)
2. 정비기반시설(광장, 주차장, 공원), 공동이용시설(공동작업장, 탁아소·어린이집, 경로당)
   ↳ 유치원: 주택법상 복리시설(○), 정비법상 공동이용시설(×)
3. **토지등소유자**: 주거환경 개선·재개발 지상권자(○), 재건축 지상권자(×)
4. 기본방침(재정, 수립, 정책), 기본계획내용생략(생활권~),
   주민공람·지방의회의견청취·협의·승인·도지사승인생략(단축, 10% 미만 축소,
   예정구역·건·용 20% 미만 변경)
5. **재건축진단**: 재건축에서 실시(10분의 1 이상 동의), 실시요청자 부담
6. 개발행위 허가 시 죽목벌채 및 식재 포함(건, 물, 토, 토, 토, 죽), 관상용 죽목 임시식재는 허가대상 아님
   ↳ 기득권 보호: 30일 이내 신고
7. **정비구역 필요적 해제(다음 날 ×)**: 2년(추진), 3년(추진이 없는 경우), 5년(토지등소유자 재개발)
   ↳ 해제(할 수 있다): 과도한 부담, 100분의 30 이상 해제요청(조합설립추진위원회 구성되지 아니한 구역 한정), 과반수 동의 해제요청(사업시행인가 신청 아니한 경우 한정)

89 도시 및 주거환경정비법령상 용어정의에 관한 설명으로 옳은 것은 모두 몇 개인가?

㉠ 주민이 공동으로 사용하는 놀이터, 마을회관, 공동작업장, 구판장, 세탁장, 탁아소, 유치원, 어린이집 등은 공동이용시설이다.
㉡ 해당 건축물을 준공일 기준으로 40년까지 사용하기 위하여 보수·보강하는데 드는 비용이 철거 후 새로운 건축물을 건설하는 데 드는 비용보다 클 것으로 예상되는 건축물은 노후·불량건축물에 해당된다.
㉢ 재건축사업은 정비기반시설은 양호하나 노후·불량건축물에 해당하는 공동주택이 밀집한 지역에서 주거환경을 개선하기 위한 사업이다.
㉣ 토지주택공사 등이란 「한국토지주택공사법」에 따라 설립된 한국토지주택공사 또는 「지방공기업법」에 따라 주택사업을 수행하기 위하여 설립된 지방공사를 말한다.
㉤ 재건축사업에 있어서 토지등소유자는 정비구역의 토지 또는 건축물의 소유자 또는 그 지상권자이다.

① 1개   ② 2개   ③ 3개
④ 4개   ⑤ 5개

90 도시 및 주거환경정비법령상 정비기본계획 및 정비계획에 관한 설명으로 옳은 것은 모두 몇 개인가?

> ㉠ 시장·군수 등은 재건축진단에 드는 비용을 해당 재건축진단의 실시를 요청하는 자에게 부담하게 하여야 한다.
> ㉡ 정비계획의 입안권자는 입안하거나 변경하려면 주민에게 서면으로 통보한 후 주민설명회 및 14일 이상 주민에게 공람하여 의견을 들어야 한다.
> ㉢ 정비구역의 지정권자는 정비구역의 진입로 설치를 위하여 진입로 지역과 그 인접 지역을 포함하여 정비구역을 지정할 수 있다.
> ㉣ 정비구역의 지정권자는 정비구역 지정을 위하여 직접 정비계획을 입안할 수 있다.
> ㉤ 특별시장·광역시장·특별자치시장·특별자치도지사·시장은 관할구역에 대하여 도시·주거환경정비기본계획을 10년 단위로 수립하고, 3년마다 그 타당성을 검토하여야 한다.

① 1개　　② 2개　　③ 3개
④ 4개　　⑤ 5개

91 도시 및 주거환경정비법령상 정비구역의 지정권자가 정비구역 등을 해제하여야 하는 경우로 볼 수 없는 것은?

① 재개발사업에서 토지등소유자가 정비구역으로 지정·고시된 날부터 2년이 되는 날까지 조합설립추진위원회의 승인을 신청하지 아니하는 경우
② 정비예정구역에 대하여 기본계획에서 정한 정비구역 지정 예정일부터 3년이 되는 날까지 특별자치시장, 특별자치도지사, 시장 또는 군수가 정비구역을 지정하지 아니한 경우
③ 재개발사업에서 추진위원회가 추진위원회 승인일부터 2년이 되는 날까지 조합설립인가를 신청하지 아니하는 경우
④ 재건축사업에서 조합이 조합설립인가를 받은 날부터 3년이 되는 날까지 사업시행계획인가를 신청하지 아니하는 경우
⑤ 토지등소유자가 시행하는 재개발사업으로서 토지등소유자가 정비구역으로 지정·고시된 날부터 3년이 되는 날까지 사업시행계획인가를 신청하지 아니하는 경우

Thema 37 정비사업의 시행

1. **시행방법**: 주거환경개선(직접·수용·관리처분·환지·혼용가능), 재개발(관리처분·환지), 재건축(관리처분)
2. 조합은 재개발과 재건축에서만 나온다.
   ▷ 재개발: 20인 미만(토지등소유자 시행, 한국부동산원과 공동시행)
3. 재개발·재건축: 시장·군수 직접시행[천재지변, 2년 이내 사업시행계획인가 신청안함·위법(재건축 제외), 3년 이내 조합설립인가 신청안함, 토지면적 2분의 1 이상]
4. 조합설립은 토지등소유자 과반수 동의(5명 이상 추진위원회), 추진위원회(추진위원장 1명, 감사)
   ▷ 추진위원회 업무(정관초안 작성, 준비업무, 창립총회 개최 등)
5. **인가**: 재개발(면적 2분의 1 이상+소유자 4분의 3 이상),
   재건축: 주택단지 안(면적 100분의 70 이상+소유자 100분의 70 이상),
   주택단지 외(면적 3분의 2 이상+소유자 4분의 3 이상)
   ▷ 재개발·주택단지 안(+총회 조합원 3분의 2 이상 찬성), 주택단지 안(+동별 구분소유자 과반수 동의)
6. **법인**: 30일 이내 등기, 정비사업조합 문자사용
7. **조합원**: ① 토지등소유자(재건축만 동의자)
   ② 투기과열지구 조합원 양도가능(재건축: 조합설립인가 후, 재개발: 관리처분계획인가 후)
8. **정관변경인가**: 과반수 동의(원칙), 조합원 3분의 2 이상 찬성(제명·자격·위치·계약·시기·비용)
9. **임원**: ① 조합장 1명, 이사, 감사(5년 이상 소유, 3년 동안 1년 이상 거주)
   ② 이사(3명 이상), 감사(1~3명 이하): 100명 초과(이사 5인 이상) ③ 임기(3년 이하)
   ④ 결격사유(미·돌·파, 2년, 유예, 이 법 위반 벌금 100만원 이상·10년, 지자체·의회 직계가족)
   ⑤ 해임: 조합원 10분의 1 이상 요구 과반수 출석+출석 과반수 동의
10. **전문관리인 선정**: 6개월 이상 임원선임 안할 때, 총회에서 조합원 과반수 출석+출석 과반수 동의요청
11. **총회**: ① 100분의 10 이상 출석
    ② 100분의 20 이상 출석(창립총회, 시공자 선정 취소총회, 사업시행계획서 작성·변경, 관리처분계획 수립·변경)
12. **대의원회**: ① 100명 이상(두어야 한다)
    ② 조합장이 아닌 조합임원은 대의원이 될 수 없다.
    ③ 대의원회 총회대행(보궐선임 − 조합장 제외)
13. **주민대표회의**: ① 5~25명 이하 ② 과반수 동의 ③ 세입자도 의견제시 가능

92 도시 및 주거환경정비법령상 시행방법에 관한 설명으로 옳은 것은 모두 몇 개인가?

> ㉠ 주거환경개선사업은 사업시행자가 관리처분계획에 따라 주택 및 부대·복리시설을 건설하여 공급하는 방법으로 할 수 없다.
> ㉡ 재건축사업에 따라 공동주택 외 건축물을 건설하여 공급하는 경우에는 국토의 계획 및 이용에 관한 법률에 따른 준주거지역 및 상업지역에서만 건설할 수 있다. 이 경우 공동주택 외 건축물의 연면적은 전체 건축물 연면적의 100분의 40 이하이어야 한다.
> ㉢ 주거환경개선사업의 시행자는 수용방법에 따라 시행하려는 경우 정비계획에 따른 공람공고일 현재 해당 정비예정구역의 토지 또는 건축물의 소유자 또는 지상권자의 3분의 2 이상의 동의와 세입자 세대수의 과반수의 동의를 각각 받아야 한다.
> ㉣ 주거환경개선사업은 조합이 시행하거나 조합이 조합원의 과반수의 동의를 받아 시장·군수 등, 토지주택공사 등, 건설사업자 또는 등록사업자와 공동으로 시행할 수 있다.
> ㉤ 재개발사업은 정비구역에서 인가받은 관리처분계획에 따라 건축물을 건설하여 공급할 수 있고 환지공급방법은 할 수 없다.

① 1개　② 2개　③ 3개
④ 4개　⑤ 5개

93 도시 및 주거환경정비법령상 군수가 직접 재개발사업 및 재건축사업 모두를 시행할 수 있는 사유에 해당하지 않는 것은?

① 정비계획에서 정한 정비사업시행 예정일부터 2년 이내에 사업시행계획인가를 신청하지 아니하거나 신청한 내용이 위법 또는 부당하다고 인정하는 때
② 지방자치단체의 장이 시행하는 「국토계획 및 이용에 관한 법률」에 따른 도시·군계획사업과 병행하여 정비사업을 시행할 필요가 있다고 인정하는 때
③ 순환정비방식으로 정비사업을 시행할 필요가 있다고 인정하는 때
④ 사업시행계획인가가 취소된 때
⑤ 정비구역의 토지면적 2분의 1 이상의 토지소유자와 토지등소유자의 3분의 2 이상에 해당하는 자가 시장·군수 등 또는 토지주택공사 등을 사업시행자로 지정할 것을 요청하는 때

94 도시 및 주거환경정비법령상 정비조합에 관한 설명으로 옳은 것은 모두 몇 개인가?

> ㉠ 추진위원회는 토지등소유자 2분의 1 이상의 동의를 얻어 위원장을 포함한 5인 이상의 위원으로 구성한다.
> ㉡ 재개발조합을 설립인가를 받으려면 토지등소유자의 3분의 2 이상 및 토지면적의 2분의 1 이상의 토지소유자의 동의를 받아야 한다.
> ㉢ 추진위원회는 추진위원회를 대표하는 추진위원장 1명과 이사 1인 및 감사를 두어야 한다.
> ㉣ 조합장이 아닌 조합임원은 대의원이 될 수 없다.
> ㉤ 재개발사업의 경우 토지등소유자는 동의 여부에 관계없이 조합원이 된다.

① 1개 ② 2개 ③ 3개
④ 4개 ⑤ 5개

95 도시 및 주거환경정비법령상 사업시행계획에 관한 설명으로 옳은 것은 모두 몇 개인가?

> ㉠ 사업시행자(토지주택공사 제외)는 사업시행계획인가를 신청하기 전에 미리 총회의 의결을 거쳐야 한다.
> ㉡ 시장·군수 등은 사업시행계획인가를 하려는 경우 정비구역부터 100m 이내에 교육시설이 설치되어 있는 때에는 해당 지방자치단체의 교육감 또는 교육장과 협의하여야 한다.
> ㉢ 재건축사업의 사업시행자는 사업시행으로 이주하는 상가세입자가 사용할 수 있도록 정비구역 또는 정비구역 인근에 임시상가를 설치할 수 있다.
> ㉣ 주거환경개선사업에 따른 건축허가를 받는 때에는 주택도시기금법상의 국민주택채권 매입에 관한 규정이 적용되지 않는다.
> ㉤ 시장·군수 등은 특별한 사유가 없으면 사업시행계획서의 제출이 있은 날부터 90일 이내에 인가 여부를 결정하여 사업시행자에게 통보하여야 한다.

① 1개 ② 2개 ③ 3개
④ 4개 ⑤ 5개

Thema 38 관리처분계획 등

1. **경미한 경우**: 시·군수 등 신고(10% 범위), 건축물 아닌 부대·복리시설 확대(위치변경 제외), 계산착오·오기·누락(불이익자 없는 경우)
2. **시장·군수 등 설치 인가시 교육감 등 협의**: 200미터 이내
3. **순환**(주거환경개선·재개발·재건축사업), **임시거주설치**(주거환경개선·재개발사업), **임시상가**(재개발사업)
4. 재개발사업 인가시 정비사업비 100분의 20범위 예치
5. 주거환경개선사업인 경우는 국민주택채권매입규정 적용면제
6. 분양신청기간(통지한 날 30일 이상 60일 이내·20일 범위 연장), 손실보상협의(다음 날 90일)
7. **주택공급기준**: 1주택(원칙), 2주택(60m² 이하), 3주택(과밀억제권역)
8. **지분형주택**: ① 60m² 이하
   ② 토지임대부 분양주택 전환 공급(90m² 미만 토지소유자·40m² 미만 건축물소유자)
9. **등기촉탁**: 지체없이 ☐ 도시개발법: 14일
10. **정비구역 해제**(조합존속 영향없음)·**소유권 취득**: ~ 다음 날
11. **청산금**: 분할징수·교부·강제징수·위탁(100분의 4), 물상대위, 소멸시효(다음 날부터 5년)

---

96 도시 및 주거환경정비법령상 관리처분계획에 관한 설명으로 옳은 것은 모두 몇 개인가?

㉠ 사업시행자가 토지주택공사 등인 경우에 분양대상자와 사업시행자가 공동소유하는 방식으로 주거전용면적이 60m² 이하 주택인 지분형주택을 공급할 수 있다.
㉡ 사업시행자는 관리처분계획이 인가·고시된 다음 날부터 60일 이내에 분양을 신청하지 아니한 자와 토지, 건축물 또는 그 밖의 권리의 손실보상에 관한 협의를 하여야 한다.
㉢ 국토교통부장관, 시·도지사, 시장, 군수, 구청장 또는 토지주택공사 등은 조합이 요청하는 경우 재개발사업의 시행으로 건설된 임대주택을 우선 인수하여야 한다.
㉣ 사업시행자는 분양신청을 받은 후 잔여분이 있는 경우에는 사업시행계획으로 정하는 목적을 위하여 그 잔여분을 조합원 또는 토지등소유자 이외의 자에게 분양할 수 있다.
㉤ 투기과열지구 또는 조정대상지역이 아닌 수도권정비계획법의 과밀억제권역에 위치하는 재건축사업의 경우에는 1세대가 수개의 주택을 소유한 경우에는 2주택까지 공급할 수 있다.

① 1개   ② 2개   ③ 3개
④ 4개   ⑤ 5개

97 도시 및 주거환경정비법령상 관리처분계획의 경미한 변경사유에 해당하지 않는 것은?

① 주택분양에 관한 권리를 포기하는 토지등소유자에 대한 임대주택의 공급에 따라 관리처분계획을 변경하는 경우
② 정관 및 사업시행계획인가의 변경에 따라 관리처분계획을 변경하는 경우
③ 매도청구에 대한 판결에 따라 관리처분계획을 변경하는 경우
④ 불이익을 받는 자가 적은 계산착오·오기·누락 등에 따른 조서의 단순정정인 경우
⑤ 권리·의무의 변동이 있는 경우로서 분양설계의 변경을 수반하지 아니하는 경우

98 도시 및 주거환경정비법령상 공사완료에 따른 조치 등에 관한 설명으로 옳은 것은 모두 몇 개인가?

> ㉠ 건축물을 분양받을 자는 소유권 이전의 고시한 날에 건축물에 대한 소유권을 취득한다.
> ㉡ 시장·군수 등이 아닌 사업시행자가 정비사업 공사를 완료한 때에는 대통령령으로 정하는 방법 및 절차에 따라 시장·군수 등의 준공인가를 받아야 한다.
> ㉢ 정비구역의 해제는 조합의 존속에 영향을 준다.
> ㉣ 청산금을 지급받을 권리는 소유권 이전고시일부터 5년간 이를 행사하지 아니하면 소멸한다.
> ㉤ 사업시행자는 이전·고시가 있은 때에는 14일 이내 대지 및 건축물에 관한 등기를 지방법원지원 또는 등기소에 촉탁 또는 신청하여야 한다.

① 1개　　② 2개　　③ 3개
④ 4개　　⑤ 5개

99 도시 및 주거환경정비법령상 다음 설명 중 틀린 것은?

① 시장·군수 등이 천재지변 등으로 주택이 붕괴되어 신속히 재건축을 추진할 필요가 있다고 인정하는 경우는 재건축진단 대상에서 제외할 수 있다.
② 사업시행자는 정비사업의 공사를 완료한 때에는 완료한 날부터 30일 이내에 임시거주시설을 철거하고, 사용한 건축물이나 토지를 원상회복하여야 한다.
③ 정비조합에 두는 이사의 수는 3명 이상으로 하고, 감사의 수는 1명 이상 3명 이하로 한다. 다만, 토지등소유자의 수가 100인을 초과하는 경우에는 이사의 수를 5명 이상으로 한다.
④ 국가는 시장·군수가 아닌 사업시행자가 시행하는 정비사업에 소요되는 비용의 일부에 대해 융자를 알선할 수 없다.
⑤ 대지면적을 10%의 범위에서 변경하는 때에는 인가가 아닌 시장·군수 등에게 신고하여야 한다.

100 도시 및 주거환경정비법령상 다음 설명 중 틀린 것은?

① 사업시행자는 손실보상의 협의가 성립되지 아니하면 그 기간의 만료일 다음 날부터 60일 이내에 수용재결을 신청하거나 매도청구소송을 제기하여야 한다.
② 관리처분계획에 포함되는 세입자별 손실보상을 위한 권리명세 및 그 평가액은 시장·군수 등이 선정·계약한 1인 이상의 감정평가법인 등과 조합총회의 의결로 선정·계약한 1인 이상의 감정평가법인 등이 평가한 금액을 산술평균하여 산정한다.
③ 시장·군수 등이 직접 관리처분계획을 수립하는 경우에는 토지등소유자의 공람 및 의견청취절차를 생략할 수 없다.
④ 창립총회시에는 총회 조합원의 100분의 20 이상이 직접 출석하여야 한다.
⑤ 시장·군수 등은 시장·군수 등이 아닌 사업시행자가 시행하는 정비사업의 정비계획에 따라 설치되는 임시거주시설에 대해서는 그 건설비용의 전부를 부담하여야 한다.

박문각 공인중개사

CHAPTER 03

마무리 연습

Chapter 03 마무리 연습(40제)

01 국토의 계획 및 이용에 관한 법령상 광역도시계획에 관한 설명으로 옳은 것은 모두 몇 개인가?

> ㉠ 광역계획권이 둘 이상의 시·도의 관할 구역에 걸쳐 있는 경우에는 시·도지사가 공동으로 수립하여야 한다.
> ㉡ 국가계획과 관련된 광역도시계획의 수립이 필요한 경우에는 국토교통부장관이 수립한다.
> ㉢ 특별시장·광역시장·특별자치시장·특별자치도지사·시장 또는 군수는 광역계획권을 지정할 수 있다.
> ㉣ 시·도지사가 광역도시계획을 수립하는 경우 미리 관계 중앙행정기관과 협의한 후 중앙도시계획위원회의 심의를 거쳐야 한다.
> ㉤ 국토교통부장관, 시·도지사, 시장 또는 군수가 기초조사정보체계를 구축한 경우에는 등록된 정보의 현황을 3년마다 확인하고 변동사항을 반영하여야 한다.

① 1개 ② 2개
③ 3개 ④ 4개
⑤ 5개

02 국토의 계획 및 이용에 관한 법령상 도시·군기본계획에 관한 설명으로 옳은 것은 모두 몇 개인가?

> ㉠ 수도권정비계획법에 의한 수도권에 속하지 아니하고 광역시와 경계를 같이하지 아니한 시로서 인구 8만명인 시의 시장은 도시·군기본계획을 수립하지 아니할 수 있다.
> ㉡ 광역시장은 도시·군기본계획을 변경하려면 국토교통부장관과 협의한 후 지방도시계획위원회의 심의를 거쳐야 한다.
> ㉢ 도시·군기본계획의 수립권자는 특별시장·광역시장·특별자치시장·특별자치도지사·시장 또는 군수이며, 도시·군기본계획의 수립기준은 승인권자인 시·도지사가 정한다.
> ㉣ 시장 또는 군수가 도시·군기본계획을 변경하려면 지방의회의 승인을 받아야 한다.
> ㉤ 시장 또는 군수는 3년마다 관할 구역의 도시·군기본계획에 대하여 그 타당성 여부를 전반적으로 재검토하여 정비하여야 한다.

① 1개 ② 2개
③ 3개 ④ 4개
⑤ 5개

03 국토의 계획 및 이용에 관한 법령상 도시·군관리계획에 관한 설명으로 옳은 것은 모두 몇 개인가?

> ㉠ 개발밀도관리구역의 지정에 관한 계획은 도시·군관리계획으로 결정한다.
> ㉡ 지구단위계획구역의 지정에 관한 사항에 대하여 도시·군관리계획의 입안을 제안하려는 자는 국·공유지를 제외한 대상토지면적의 3분의 2 이상의 토지소유자의 동의를 받아야 한다.
> ㉢ 도시·군관리계획으로 입안하려는 지구단위계획구역이 상업지역에 위치하는 경우에는 재해취약성분석을 실시하여야 한다.
> ㉣ 도시·군관리계획 결정의 효력은 지형도면을 고시한 날의 다음 날부터 발생한다.
> ㉤ 시가화조정구역의 지정에 관한 도시·군관리계획 결정 당시 이미 허가를 받아 사업이나 공사에 착수한 자는 별도의 신고 없이 그 사업이나 공사를 계속할 수 있다.

① 1개 ② 2개
③ 3개 ④ 4개
⑤ 5개

04 국토의 계획 및 이용에 관한 법령상 용도지역에 관한 설명으로 옳은 것은 모두 몇 개인가?

> ㉠ 준공업지역이란 주로 중화학공업, 공해성공업 등을 수용하기 위하여 필요한 지역을 말한다.
> ㉡ 용도지역이 미세분된 도시지역에서의 행위제한 등에 대하여는 보전녹지지역에 관한 규정을 적용한다.
> ㉢ 계획관리지역의 건폐율은 40% 이하이고 용적률은 100% 이하이다.
> ㉣ 「항만법」에 따른 항만구역으로서 관리지역에 연접한 공유수면은 도시지역으로 결정·고시된 것으로 본다.
> ㉤ 도시지역에 대해서는 「도로법」에 따른 접도구역 규정이 적용되지 않는다.

① 1개 ② 2개
③ 3개 ④ 4개
⑤ 5개

05 국토의 계획 및 이용에 관한 법령상 용도지구에 관한 설명으로 옳은 것은 모두 몇 개인가?

> ⊙ 대도시 시장은 일반주거지역·일반공업지역·계획관리지역에 복합용도지구를 지정할 수 있다.
> ⓒ 개발제한구역 안의 취락을 정비하기 위하여 필요한 지구는 자연취락지구이다.
> ⓒ 복합개발진흥지구는 주거기능, 공업기능, 유통·물류기능 및 관광·휴양기능 외의 기능을 중심으로 특정한 목적을 위하여 개발·정비할 필요가 있는 지구를 말한다.
> ② 고도지구에서는 도시·군관리계획으로 정하는 높이를 초과하는 건축물을 건축할 수 없다.
> ⓜ 대도시 시장은 연안침식이 진행 중인 지역으로 연안침식으로 인하여 심각한 피해가 발생할 우려가 있어 이를 특별히 관리할 필요가 있는 지역에 대해서는 방재지구의 지정을 도시·군관리계획으로 결정하여야 한다.

① 1개 ② 2개
③ 3개 ④ 4개
⑤ 5개

06 국토의 계획 및 이용에 관한 법령상 용도구역에 관한 설명으로 옳은 것은 모두 몇 개인가?

> ⊙ 개발제한구역은 국토교통부장관만 지정할 수 있다.
> ⓒ 도시의 자연환경 및 경관을 보호하고 도시민에게 건전한 여가·휴식공간을 제공하기 위하여 도시지역 안에서 식생이 양호한 산지의 개발을 제한할 필요가 있다고 인정되는 지역을 개발제한구역으로 지정할 수 있다.
> ⓒ 시가화조정구역의 지정에 관한 도시·군관리계획의 결정은 시가화유보기간이 끝난 날부터 그 효력을 잃는다.
> ② 공익상 시가화조정구역 안에서의 사업시행이 불가피한 것으로서 관계 지방행정기관의 장의 요청에 의하여 국토교통부장관이 그 지정목적달성에 지장이 없다고 인정하는 도시·군계획사업만 시행할 수 있다.
> ⓜ 시가화조정구역의 시가화 유보기간은 10년 이상 20년 이내이다.

① 1개 ② 2개
③ 3개 ④ 4개
⑤ 5개

07 국토의 계획 및 이용에 관한 법령상 지구단위계획에 관한 설명으로 옳은 것은 모두 몇 개인가?

> ㉠ 개발제한구역에서 해제되는 면적이 30만제곱미터 이상인 지역은 지구단위계획구역으로 지정하여야 한다.
> ㉡ 지구단위계획은 도시·군기본계획으로 결정한다.
> ㉢ 건축선에 관한 계획은 지구단위계획의 내용에 포함할 수 있다.
> ㉣ 도시지역 외 지구단위계획구역의 지정목적이 한옥마을을 보존하고자 하는 경우 지구단위계획으로 「주차장법」에 의한 주차장 설치기준을 100퍼센트까지 완화하여 적용할 수 있다.
> ㉤ 주민이 입안을 제안한 경우, 지구단위계획에 관한 도시·군관리계획결정의 고시일부터 5년 이내에 허가를 받아 사업이나 공사에 착수 하지 아니하면 그 5년이 된 날에 지구단위계획구역의 지정에 관한 도시·군관리계획결정은 효력을 잃는다.

① 1개 ② 2개
③ 3개 ④ 4개
⑤ 5개

08 국토의 계획 및 이용에 관한 법령상 기반시설 및 공동구에 관한 설명으로 옳은 것은 모두 몇 개인가?

> ㉠ 유통업무설비, 수도·전기·가스·열공급설비, 방송·통신시설, 공동구·시장, 유류저장 및 송유설비는 유통·공급시설에 해당한다.
> ㉡ 국가계획으로 설치·관리하는 광역시설은 그 광역시설의 설치·관리를 사업종목으로 하여 다른 법률에 따라 설립된 법인이 관리할 수 있다.
> ㉢ 도시·군계획시설을 공중·수중·수상 또는 지하에 설치하는 경우 그 높이나 깊이의 기준과 그 설치로 인하여 토지나 건물의 소유권 행사에 제한을 받는 자에 대한 보상 등에 관하여는 따로 법률로 정한다.
> ㉣ 공동구의 설치에 필요한 비용은 공동구 점용예정자가 부담하되, 그 부담액은 사업시행자와 협의하여 정한다.
> ㉤ 지역 개발 및 지원에 관한 법률에 따른 지역개발사업 구역, 도시개발법에 따른 도시개발구역은 지역 등의 규모가 200만m² 초과인 경우에는 사업시행자가 공동구를 설치하여야 하는 지역에 해당한다.

① 1개 ② 2개
③ 3개 ④ 4개
⑤ 5개

09 국토의 계획 및 이용에 관한 법령상 도시·군계획시설사업에 관한 설명으로 옳은 것은 모두 몇 개인가?

> ⊙ 단계별 집행계획은 제1단계 집행계획과 제2단계 집행계획 및 제3단계 집행계획으로 구분하여 수립한다.
> ⓒ 대도시 시장이 작성한 도시·군계획시설사업에 관한 실시계획은 국토교통부장관의 인가를 받아야 한다.
> ⓒ 한국도로공사는 도시·군계획시설사업의 시행자가 될 수 있다.
> ⓔ 사업으로 인하여 기반시설의 설치가 필요한 경우 사업의 시행자인 지방자치단체는 그 이행의 담보를 위한 이행보증금을 예치하여야 한다.
> ⓜ 도시·군계획시설사업의 시행자가 비행정청인 경우, 시행자의 처분에 대하여는 행정심판을 제기할 수 있다.

① 1개　　② 2개
③ 3개　　④ 4개
⑤ 5개

10 국토의 계획 및 이용에 관한 법령상 매수청구에 관한 설명으로 옳은 것은 모두 몇 개인가?

> ⊙ 부재부동산 소유자의 토지로서 매수대금이 2,000만원을 초과하는 경우 매수의무자는 도시·군계획시설채권을 발행하여 지급할 수 있다.
> ⓒ 매수청구된 토지의 매수가격·매수절차 등에 관하여는 시가가 아닌 공시지가로 한다.
> ⓒ 매수의무자는 매수하기로 결정한 토지를 매수 결정을 알린 날부터 2년 이내에 매수하여야 한다.
> ⓔ 매수청구를 한 토지의 소유자는 매수의무자가 그 토지를 매수하지 아니하기로 결정한 경우 개발행위허가를 받아 3층 이하의 제1종 근린생활시설을 설치할 수 있다.
> ⓜ 도시·군계획시설결정이 고시된 도시·군계획시설에 대하여 그 고시일부터 20년이 지날 때까지 그 시설의 설치에 관한 도시·군계획시설사업이 시행되지 아니하는 경우 그 도시·군계획시설결정은 그 고시일부터 20년이 되는 날에 그 효력을 잃는다.

① 1개　　② 2개
③ 3개　　④ 4개
⑤ 5개

11 국토의 계획 및 이용에 관한 법령상 개발행위허가에 관한 설명으로 옳은 것은 모두 몇 개인가?

> ㉠ 도시·군계획사업에 의한 행위의 경우에도 개발행위허가를 받아야 한다.
> ㉡ 개발밀도관리구역 안에서 개발행위허가 신청을 할 때에는 기반시설의 설치나 그에 필요한 용지의 확보에 관한 계획서를 제출하여야 한다.
> ㉢ 재난수습을 위한 응급조치인 경우에는 1개월 이내에 신고하여야 한다.
> ㉣ 성장관리계획구역 내 계획관리지역에서는 125퍼센트 이하의 범위에서 용적률을 완화하여 적용할 수 있다.
> ㉤ 건축물의 배치·형태·색채·높이·건축선은 성장관리계획에 포함될 수 있는 사항에 해당한다.

① 1개 ② 2개
③ 3개 ④ 4개
⑤ 5개

12 국토의 계획 및 이용에 관한 법령상 개발밀도관리구역과 기반시설부담구역에 관한 설명으로 옳은 것은 모두 몇 개인가?

> ㉠ 도시지역에서의 개발행위로 기반시설의 처리능력이 부족할 것이 예상되는 지역 중 기반시설의 설치가 곤란한 지역을 개발밀도관리구역으로 지정할 수 있다.
> ㉡ 기반시설부담구역에 설치가 필요한 기반시설에는 「고등교육법」에 따른 학교는 포함되지 않는다.
> ㉢ 광역시장은 「국토의 계획 및 이용에 관한 법률」의 개정으로 인하여 행위 제한이 완화되는 지역에 대하여는 이를 기반시설부담구역으로 지정하여야 한다.
> ㉣ 동일한 지역에 대해 기반시설부담구역과 개발밀도관리구역을 중복하여 지정할 수 있다.
> ㉤ 기반시설부담구역의 지정고시일부터 2년이 되는 날까지 기반시설설치계획을 수립하지 아니하면 그 2년이 되는 날의 다음 날에 구역의 지정은 해제된 것으로 본다.

① 1개 ② 2개
③ 3개 ④ 4개
⑤ 5개

13 도시개발법령상 옳은 것은 모두 몇 개인가?

㉠ 도시개발구역에 포함되는 주거지역이 전체 도시개발구역 지정 면적의 100분의 40인 지역을 도시개발구역으로 지정할 때에는 도시개발구역을 지정한 후에 개발계획을 수립할 수 있는 경우에 해당한다.
㉡ 임대주택건설계획 등 세입자 등의 주거 및 생활 안정 대책은 개발계획에 따라 도시개발구역을 지정한 후에 개발계획에 포함시킬 수 있다.
㉢ 조합은 특별자치도지사·시장·군수 또는 구청장에게 도시개발구역의 지정을 제안할 수 있다.
㉣ 「집합건물의 소유 및 관리에 관한 법률」에 따른 구분소유자는 대표 구분소유자 1인만을 토지소유자로 본다.
㉤ 개발계획의 변경을 요청받은 후부터 개발계획이 변경되기 전까지의 사이에 토지소유자가 변경된 경우 변경된 토지소유자의 동의서를 기준으로 한다.

① 1개 ② 2개
③ 3개 ④ 4개
⑤ 5개

14 도시개발법령상 옳은 것은 모두 몇 개인가?

㉠ 특별시장·광역시장·도지사·특별자치도지사 또는 대도시 시장은 계획적인 도시개발이 필요하다고 인정되는 때에는 도시개발구역을 지정할 수 있다. 다만, 국토교통부장관은 도시개발구역을 지정할 수 없다.
㉡ 토지 소유자가 도시개발구역의 지정을 제안하려는 경우에는 대상구역 토지면적의 2분의 1 이상에 해당하는 토지 소유자의 동의를 받아야 한다.
㉢ 지방공사의 장이 30만 제곱미터 규모로 국가계획과 밀접한 관련이 있는 도시개발구역의 지정을 제안하는 경우에는 국토교통부장관이 도시개발구역을 지정할 수 있다.
㉣ 공업지역에서 도시개발구역으로 지정할 수 있는 규모는 3만 제곱미터 이상이어야 한다.
㉤ 도시개발구역 면적이 50만m² 이상인 경우, 개발계획이 국가계획을 포함하고 있거나 국가계획과 관련되는 경우에 해당하면 국토교통부장관과 협의하여야 한다.

① 1개 ② 2개
③ 3개 ④ 4개
⑤ 5개

15 도시개발법령상 옳은 것은 모두 몇 개인가?

㉠ 관상용 죽목(竹木)의 임시식재는 개발행위허가 대상에 해당한다.
㉡ 도시개발구역이 지정·고시된 날부터 3년이 되는 날까지 개발계획을 수립·고시하지 아니하는 경우에는 그 3년이 되는 다음 날에 해제된 것으로 본다.
㉢ 도시개발사업의 공사완료로 도시개발구역의 지정이 해제의제된 경우에는 도시개발구역의 용도지역은 해당 도시개발구역 지정 전의 용도지역으로 환원되거나 폐지된 것으로 본다.
㉣ 「한국부동산원법」에 따른 한국부동산원은 도시개발사업 시행자로 지정될 수 있다.
㉤ 도시개발구역의 전부를 환지방식으로 시행하는 시행자가 도시개발구역 지정의 고시일로부터 1년 이내에 실시계획 인가를 신청하지 아니한 경우에는 시행자를 변경할 수 있다.

① 1개 ② 2개
③ 3개 ④ 4개
⑤ 5개

16 도시개발법령상 도시개발조합에 관한 설명으로 옳은 것은 모두 몇 개인가?

㉠ 조합설립인가를 받은 후 정관기재사항인 주된 사무소의 소재지를 변경하려는 경우에는 지정권자의 변경인가를 받아야 한다.
㉡ 조합설립 인가신청을 위한 동의자 수 산정에 있어 도시개발구역의 토지면적은 국·공유지를 제외하고 산정한다.
㉢ 조합원은 보유토지의 면적에 비례하여 의결권을 갖는다.
㉣ 조합장 또는 이사의 자기를 위한 조합과의 계약이나 소송에 관하여는 감사가 조합을 대표한다.
㉤ 금고 이상의 형을 선고받고 그 집행이 끝나지 아니한 자는 조합원이 될 수 없다.

① 1개 ② 2개
③ 3개 ④ 4개
⑤ 5개

17 도시개발법령상 옳은 것은 모두 몇 개인가?

> ㉠ 시행자는 사업시행면적을 100분의 10의 범위에서 감소, 사업비의 100분의 10범위에서의 사업비의 증가는 경미한 변경으로 변경인가를 받지 아니한다.
> ㉡ 계획적이고 체계적인 도시개발 등 집단적인 조성과 공급이 필요한 경우에는 환지방식으로 정하여야 하며, 다른 시행방식에 의할 수 없다.
> ㉢ 시행자는 지방자치단체에게 도시개발구역 전체 토지면적의 2분의 1 이내에서 원형지를 공급하여 개발하게 할 수 있다.
> ㉣ 지방자치단체가 원형지개발자인 경우 원형지 공사완료 공고일부터 5년이 경과하기 전에도 원형지를 매각할 수 있다.
> ㉤ 단독주택용지로서 330m² 이하인 조성토지는 추첨의 방법으로 분양할 수 있다.

① 1개   ② 2개
③ 3개   ④ 4개
⑤ 5개

18 도시개발법령상 옳은 것은 모두 몇 개인가?

> ㉠ 폐기물처리시설을 설치하기 위해 공급하는 조성토지의 가격은 「감정평가 및 감정평가사에 관한 법률」에 따른 감정평가법인 등이 감정평가한 가격 이하로 정할 수 있다.
> ㉡ 보류지는 환지 계획에서 정한 자가 환지처분이 공고된 날에 해당 소유권을 취득한다.
> ㉢ 행정청이 아닌 시행자가 군수에게 청산금의 징수를 위탁한 경우 그 시행자는 군수가 징수한 금액의 100분의 4에 해당하는 금액을 해당 군에 지급하여야 한다.
> ㉣ 도시개발채권의 이율은 기획재정부장관이 국채·공채 등의 금리와 특별회계의 상황 등을 고려하여 정한다.
> ㉤ 토지상환채권의 발행규모는 그 토지상환채권으로 상환할 토지·건축물이 해당 도시개발사업으로 조성되는 분양토지 또는 분양건축물 면적의 2분의 1을 초과하지 아니하도록 하여야 한다.

① 1개   ② 2개
③ 3개   ④ 4개
⑤ 5개

19 도시 및 주거환경정비법령상 옳은 것은 모두 몇 개인가?

㉠ 정비기반시설이 열악하고 노후·불량건축물이 밀집한 지역에서 주거환경을 개선하거나 상업지역·공업지역 등에서 도시기능의 회복 및 상권활성화 등을 위하여 도시환경을 개선하기 위한 사업은 재건축사업에 해당한다.
㉡ 도로·상하수도·도랑·공원·공용주차장·공동구는 정비기반시설에 해당한다.
㉢ 정비사업의 계획기간을 단축하는 경우 기본계획의 수립권자는 주민공람과 지방의회 의견청취 절차를 거쳐야 한다.
㉣ 정비사업의 시행으로 토지등소유자에게 과도한 부담이 발생할 것으로 예상되는 경우 정비구역의 지정권자는 지방도시계획위원회의 심의를 거치지 아니하고 정비구역등을 해제할 수 있다.
㉤ 재개발사업을 시행하는 지정개발자가 조합설립인가를 받은 날부터 3년이 되는 날까지 사업 시행계획인가를 신청하지 않은 경우 해당 정비구역을 해제하여야 한다.

① 1개 ② 2개
③ 3개 ④ 4개
⑤ 5개

20 도시 및 주거환경정비법령상 옳은 것은 모두 몇 개인가?

㉠ 이동이 용이하지 아니한 물건을 3주일 동안 쌓아놓는 행위는 정비구역 안에서 시장·군수의 허가를 받아야 하는 행위에 해당한다.
㉡ 조합설립추진위원회가 구성되지 아니한 구역에서 토지등소유자의 100분의 30 이상이 정비구역의 해제를 요청한 경우에는 심의를 거쳐 정비구역을 해제할 수 있다.
㉢ 재건축사업은 관리처분계획에 따라 건축물을 공급하거나 환지로 공급하는 방법으로 한다.
㉣ 토지등소유자가 20인 미만인 경우에는 토지등소유자가 직접 재개발사업을 시행할 수 없다.
㉤ 재건축조합이 사업시행 예정일로부터 2년 이내에 사업시행계획인가를 신청하지 아니한 때에는 시장·군수등이 직접 정비사업을 시행하거나 토지주택공사등을 사업시행자로 지정하여 정비사업을 시행하게 할 수 있다.

① 1개 ② 2개
③ 3개 ④ 4개
⑤ 5개

21 도시 및 주거환경정비법령상 정비조합에 관한 설명으로 옳은 것은 모두 몇 개인가?

> ㉠ 조합정관의 변경은 조합설립추진위원회가 수행할 수 있는 업무에 해당한다.
> ㉡ 재건축사업의 추진위원회가 주택단지 안에서 조합을 설립하려면 토지등소유자의 100분의 70 이상 또는 토지면적의 100분의 70 이상의 토지소유자의 동의를 받아야 한다.
> ㉢ 토지등소유자의 수가 100인을 초과하는 경우 조합에 두는 이사의 수는 7명 이상으로 한다.
> ㉣ 조합임원이 금고 이상의 형의 집행유예를 받고 그 유예기간 중에 있는 경우에는 총회의 의결을 거쳐 해임된다.
> ㉤ 조합장이 아닌 조합임원은 조합의 대의원이 될 수 없다.

① 1개 ② 2개
③ 3개 ④ 4개
⑤ 5개

22 도시 및 주거환경정비법령상 옳은 것은 모두 몇 개인가?

> ㉠ 상가세입자는 사업시행자가 건축물의 철거의 사항에 관하여 시행규정을 정하는 때에 의견을 제시할 수 없다.
> ㉡ 대지면적을 10퍼센트의 범위에서 변경하는 때에는 사업시행계획의 변경시 신고대상인 경미한 사항의 변경에 해당한다.
> ㉢ 시장·군수 등은 사업시행인가를 하고자 하는 경우 정비구역으로부터 200미터 이내에 교육시설이 설치되어 있는 때에는 해당 지방자치단체의 교육감 또는 교육장과 협의하여야 한다.
> ㉣ 재개발사업과 재건축사업의 사업시행자는 사업시행으로 이주하는 상가세입자가 사용할 수 있도록 정비구역 또는 정비구역 인근에 임시상가를 설치할 수 있다.
> ㉤ 시장·군수 등은 재개발사업의 시행자가 지정개발자인 경우 시행자로 하여금 정비사업비의 100분의 30의 금액을 예치하게 할 수 있다.

① 1개 ② 2개
③ 3개 ④ 4개
⑤ 5개

23 도시 및 주거환경정비법령상 옳은 것은 모두 몇 개인가?

㉠ 주거환경개선사업에 따른 건축허가를 받은 때와 부동산등기(소유권 보존등기 또는 이전등기로 한정)를 하는 때에는 「주택도시기금법」 국민주택채권의 매입에 관한 규정을 적용한다.
㉡ 사업시행자는 관리처분계획이 인가·고시된 다음 날부터 90일 이내에 분양신청을 하지 않은 자와 손실보상에 관한 협의를 하여야 한다.
㉢ 분양신청기간은 통지한 날부터 30일 이상 90일 이내로 하여야 한다. 다만, 사업시행자는 관리처분계획의 수립에 지장이 없다고 판단하는 경우에는 분양신청기간을 20일의 범위에서 한 차례만 연장할 수 있다.
㉣ 불이익을 받는 자가 있으나 계산착오·오기·누락 등에 따른 조서의 단순정정인 경우에는 시장·군수 등에게 변경신고하여야 한다.
㉤ 분양대상자별 종전의 토지 또는 건축물의 사업시행계획인가 고시가 있는 날을 기준으로 한 가격의 범위 또는 종전 주택의 주거전용면적의 범위에서 2주택을 공급할 수 있고, 이 중 1주택은 주거전용면적을 $85m^2$ 이하로 한다.

① 1개
② 2개
③ 3개
④ 4개
⑤ 5개

24 도시 및 주거환경정비법령상 옳은 것은 모두 몇 개인가?

㉠ 시장·군수는 정비구역에서 면적이 90제곱미터 미만의 토지를 소유한 자로서 건축물을 소유하지 아니한 자의 요청이 있는 경우에는 인수한 임대주택의 일부를 「주택법」에 따른 토지임대부 분양주택으로 전환하여 공급하여야 한다.
㉡ 시장·군수 등이 아닌 사업시행자가 정비사업 공사를 완료한 때에는 대통령령으로 정하는 방법 및 절차에 따라 시장·군수 등의 준공인가를 받아야 한다.
㉢ 준공인가에 따른 정비구역의 해제가 있으면 조합은 해산된 것으로 본다.
㉣ 청산금을 지급(분할지급을 포함)받을 권리 또는 이를 징수할 권리는 이전·고시일로부터 5년간 행사하지 아니하면 소멸한다.
㉤ 국가는 시장·군수가 아닌 사업시행자가 시행하는 정비사업에 소요되는 비용의 일부에 대해 융자를 알선할 수 없다.

① 1개
② 2개
③ 3개
④ 4개
⑤ 5개

25 주택법령상 용어에 관한 설명으로 옳은 것은 모두 몇 개인가?

㉠ "공동주택"에는 「건축법 시행령」에 따른 아파트, 연립주택, 기숙사 등이 포함된다.
㉡ 허가를 받은 세대구분형 공동주택은 주택단지 공동주택 동의 전체 세대수의 3분의 1을 넘지 않도록 하여야 한다.
㉢ 준주거지역 또는 상업지역에서 아파트형주택과 도시형생활주택 외의 주택을 하나의 건축물에 함께 건축할 수 있다.
㉣ 폭 10m인 일반도로로 분리된 토지는 각각 별개의 주택단지이다.
㉤ 간선시설이란 도로·상하수도·전기시설·가스시설·통신시설·지역난방시설 등을 말한다.

① 1개 ② 2개
③ 3개 ④ 4개
⑤ 5개

26 주택법령상 사업주체에 관한 설명으로 옳은 것은 모두 몇 개인가?

㉠ 주택건설사업을 목적으로 설립된 지방공사가 연간 20호 이상의 단독주택 건설사업을 시행하려는 경우 국토교통부장관에게 등록하여야 한다.
㉡ 주택건설공사를 시공할 수 있는 등록사업자가 최근 3년간 300세대 이상의 공동주택을 건설한 실적이 있는 경우에는 주택으로 쓰는 층수가 7개층인 주택을 건설할 수 있다.
㉢ 등록이 말소된 후 3년이 지나지 아니한 자는 주택건설사업의 등록을 할 수 없다.
㉣ 거짓이나 그 밖의 부정한 방법으로 등록, 등록증의 대여에 해당하는 경우에는 그 등록을 말소할 수 있다.
㉤ 고용자가 그 근로자의 주택을 건설하는 경우에는 대통령령으로 정하는 바에 따라 등록사업자와 공동으로 사업을 시행하여야 한다.

① 1개 ② 2개
③ 3개 ④ 4개
⑤ 5개

27 주택법령상 주택조합에 관한 설명으로 옳은 것은 모두 몇 개인가?

> ㉠ 조합원의 공개모집 이후 조합원의 사망·자격상실·탈퇴 등으로 인한 결원을 충원하거나 미달된 조합원을 재모집하는 경우에는 신고하지 아니하고 선착순의 방법으로 조합원을 모집할 수 있다.
> ㉡ 주택을 마련하기 위하여 지역·직장주택조합의 설립인가를 받으려는 자는 토지의 소유권을 확보가 아닌 해당 주택건설대지의 80% 이상에 해당하는 토지의 사용권원 및 주택건설대지의 10% 이상의 소유권을 확보하여야 한다.
> ㉢ 국민주택을 공급받기 위하여 직장주택조합을 설립하려는 자는 관할 시장·군수·구청장에게 신고하여야 한다.
> ㉣ 조합원의 탈퇴 등으로 조합원 수가 주택건설 예정 세대 수의 60퍼센트가 된 경우는 충원이 허용된다.
> ㉤ 조합의 임원이 금고 이상의 실형을 받아 당연퇴직을 하면 그가 퇴직 전에 관여한 행위는 그 효력을 상실한다.

① 1개　　② 2개
③ 3개　　④ 4개
⑤ 5개

28 주택법령상 옳은 것은 모두 몇 개인가?

> ㉠ 지방공사가 주택상환사채를 발행하려면 금융기관 또는 주택도시보증공사의 보증을 받을 필요는 없다.
> ㉡ 택지의 구입 및 조성과 주택조합 가입 청약철회자의 가입비 반환은 주택상환사채의 납입금이 사용될 수 있다.
> ㉢ 한국토지주택공사가 서울특별시 A구에서 대지 면적 10만 제곱미터에 50호의 한옥 건설사업을 시행하려는 경우 국토교통부장관으로부터 사업계획승인을 받아야 한다.
> ㉣ 사업계획승인권자는 사업계획승인의 신청을 받았을 때에는 정당한 사유가 없으면 신청받은 날부터 60일 이내에 사업주체에게 승인여부를 통보하여야 한다.
> ㉤ 해당 사업시행지에 대한 소유권 분쟁을 사업주체가 소송 외의 방법으로 해결하는 과정에서 공사 착수가 지연되는 경우에는 그 사유가 없어진 날로부터 1년의 범위에서 공사의 착수기간을 연장할 수 있다.

① 1개　　② 2개
③ 3개　　④ 4개
⑤ 5개

29 주택법령상 옳은 것은 모두 몇 개인가?

㉠ 주택건설대지면적 중 100분의 90 이상에 대해 사용권원을 확보한 경우에는 사용권원을 확보하지 못한 대지의 모든 소유자에게 매도 청구할 수 있다.
㉡ 사업주체가 리모델링주택조합인 경우 리모델링 결의에 찬성하지 아니하는 자의 주택에 대하여는 매도청구 할 수 있다.
㉢ 사업계획승인권자는 감리자가 업무수행 중 위반 사항이 있음을 알고도 묵인한 경우 그 감리자에 대하여 1년의 범위에서 감리업무의 지정을 제한할 수 있다.
㉣ 공동주택이 동별로 공사가 완료되고 임시사용승인신청이 있는 경우 대상주택이 사업계획의 내용에 적합하고 사용에 지장이 없는 때에는 세대별로 임시사용승인을 할 수 있다.
㉤ 사용검사 후 매도청구의 의사표시는 실소유자가 해당 토지 소유권을 회복한 날부터 1년 이내에 해당 실소유자에게 송달되어야 한다.

① 1개 ② 2개
③ 3개 ④ 4개
⑤ 5개

30 주택법령상 공급에 관한 설명으로 옳은 것은 모두 몇 개인가?

㉠ 한국토지주택공사가 사업주체로서 견본주택을 건설하는 경우에는 견본주택에 사용되는 마감자재 목록표와 견본주택의 각 실의 내부를 촬영한 영상물 등을 제작하여 시장·군수·구청장에게 제출하여야 한다.
㉡ 관광진흥법에 따라 지정된 관광특구에서 건설·공급하는 층수가 50층이고 높이가 140m인 아파트는 분양가상한제의 적용대상이다.
㉢ 사업주체가 공공택지에서 공급하는 주택에 대하여 입주자모집 승인을 받은 경우에는 분양가상한제 적용주택이라도 입주자 모집공고에 분양가격을 공시할 필요가 없다.
㉣ 주택을 공급받을 수 있는 증서로서 시장·군수·구청장이 발행한 무허가건물 확인서의 증여는 공급질서교란행위에 해당한다.
㉤ 투기과열지구로 지정된 지역의 시장, 군수 또는 구청장은 지정 후 해당 지역의 주택가격이 안정되는 등 지정 사유가 없어졌다고 인정되는 경우에는 국토교통부장관에게 투기과열지구 지정의 해제를 요청할 수 없다.

① 1개 ② 2개
③ 3개 ④ 4개
⑤ 5개

31 주택법령상 옳은 것은 모두 몇 개인가?

㉠ 시·도지사는 주택의 분양·매매 등 거래가 위축될 우려가 있는 지역을 시·도 주거정책심의위원회의 심의를 거쳐 조정대상지역으로 지정할 수 있다.
㉡ 세대주의 근무상 사정으로 인하여 세대원 전부가 수도권 안에서 이전하는 경우에는 전매가 허용된다.
㉢ 입주자로 선정된 지위 또는 주택의 일부를 배우자에게 증여하는 경우에는 전매가 허용된다.
㉣ 증축형 리모델링을 하려는 자는 시장·군수·구청장에게 안전진단을 요청하여야 한다.
㉤ 토지임대료는 월별 임대료를 원칙으로 하되, 토지소유자와 주택을 공급받은 자가 합의한 경우 대통령령으로 정하는 바에 따라 임대료를 선납하거나 보증금으로 전환하여 납부할 수 있다.

① 1개　　② 2개
③ 3개　　④ 4개
⑤ 5개

32 건축법령상 용어정의에 관한 설명으로 옳은 것은 모두 몇 개인가?

㉠ 바닥(최하층 바닥은 제외)은 '주요구조부'에 해당한다.
㉡ "고층건축물"이란 층수가 30층 이상이고 높이가 120미터 이상인 건축을 말한다.
㉢ 건축물의 바닥이 지표면 아래에 있는 층으로서 바닥에서 지표면까지 평균높이가 해당 층 높이의 2분의 1인 것은 '지하층'에 해당한다.
㉣ 장례시설로 사용하는 바닥면적의 합계가 5천 제곱미터인 10층의 장례식장은 다중이용건축에 해당한다.
㉤ 기둥과 기둥 사이의 거리(기둥의 중심선 사이의 거리를 말함)가 15미터인 건축물은 특수구조 건축물로서 건축물 내진등급의 설정에 관한 규정을 강화하여 적용할 수 있다.

① 1개　　② 2개
③ 3개　　④ 4개
⑤ 5개

33. 건축법령상 옳은 것은 모두 몇 개인가?

㉠ 철도의 선로 부지에 있는 철도 선로의 위나 아래를 가로지르는 보행시설은 건축법상 용적률 규정이 적용되지 않는다.
㉡ 전화설비, 승강기, 피뢰침, 국기게양대는 '건축설비'에 해당한다.
㉢ 건축허가를 받은 경우에도 해당 대지를 조성하기 위해 건축물과 분리된 높이 5미터의 옹벽을 축조하려면 따로 공작물 축조신고를 하여야 한다.
㉣ '이전'은 건축물의 주요구조부를 해체하여 같은 대지의 다른 위치로 옮기는 것으로 건축에 해당한다.
㉤ 숙박시설을 수련시설로 용도변경하는 경우에는 특별시장에게 신고를 하여야 한다.

① 1개 ② 2개
③ 3개 ④ 4개
⑤ 5개

34. 건축법령상 건축허가에 관한 설명으로 옳은 것은 모두 몇 개인가?

㉠ 허가권자는 사전결정이 신청된 건축물의 대지면적이 「환경영향평가법」에 따른 소규모 환경영향평가 대상사업인 경우 환경부장관이나 지방환경관서의 장과 소규모 환경영향평가에 관한 협의를 하여야 한다.
㉡ 「도로법」에 따른 도로점용허가는 건축허가권자로부터 건축 관련 입지와 규모의 사전결정 통지를 받은 경우 허가를 받은 것으로 본다.
㉢ 연면적의 합계가 10만 제곱미터 이상인 공장을 광역시에 건축하려면 광역시장의 허가를 받아야 한다.
㉣ 분양을 목적으로 하는 공동주택의 건축허가를 받으려는 자는 대지의 소유권을 확보하지 않아도 된다.
㉤ 허가권자는 공사에 착수하였으나 공사의 완료가 불가능하다고 인정되는 경우 건축허가를 취소할 수 있다.

① 1개 ② 2개
③ 3개 ④ 4개
⑤ 5개

35 건축법령상 옳은 것은 모두 몇 개인가?

㉠ 연면적 200m²이고 3층인 건축물의 기둥 3개이상을 수선하는 것은 건축신고 사항이다.
㉡ 도시·군계획시설 및 도시·군계획시설예정지에서 가설건축물을 건축하려는 자는 특별자치시장·특별자치도지사 또는 시장·군수·구청장의 허가를 받아야 한다.
㉢ 연면적이 200제곱미터 이상인 목구조 건축물을 건축하고자 하는자는 사용승인을 받는 즉시 내진능력을 공개하여야 한다.
㉣ 교육연구시설 중 도서관은 범죄예방기준에 따라 건축할 필요는 없지만 층간(소음방지용)바닥을 설치하여야 한다.
㉤ 초고층건축물에는 피난층 또는 지상으로 통하는 직통계단과 직접연결되는 피난안전구역을 지상층으로부터 최대 20개 층마다 1개소 이상 설치하여야 한다.

① 1개 ② 2개
③ 3개 ④ 4개
⑤ 5개

36 건축법령상 옳은 것은 모두 몇 개인가?

㉠ 초고층건축물과 연면적이 10만 제곱미터 이상이고 16층 이상인 건축물은 안전영향평가를 실시하여야 할 건축물에 해당한다.
㉡ 녹지지역의 건축물은 면적이 200m² 이상인 대지에 건축하는 경우에도 조경 등의 조치를 하여야 한다.
㉢ 숙박시설로서 해당 용도로 쓰는 바닥면적의 합계가 3천 제곱미터인 건축물의 대지에는 공개 공지 또는 공개 공간을 설치하여야 한다.
㉣ 이해관계인이 해외에 거주하여 동의를 받기 곤란한 경우에 허가권자는 건축위원회의 심의를 거쳐 이해관계인의 동의 없이 도로의 위치를 폐지·변경할 수 있다.
㉤ 건축물의 지표의 위·아래 부분에서 건축선의 수직면을 넘어서는 아니되며, 도로면으로부터 높이 4.5m 이하에 있는 창문은 열고 닫을 때 건축선의 수직면을 넘지 않는 구조로 하여야 한다.

① 1개 ② 2개
③ 3개 ④ 4개
⑤ 5개

37 건축법령상에 면적에 관한 설명으로 옳은 것은 모두 몇 개인가?

> ㉠ 태양열을 주된 에너지원으로 이용하는 주택의 건축면적은 건축물의 외벽 중 내측 내력벽의 중심선을 기준으로 한다.
> ㉡ 공동주택으로서 지상층에 설치한 생활폐기물 보관함의 면적은 바닥면적에 산입한다.
> ㉢ 연면적은 하나의 건축물 각 층의 바닥면적의 합계를 말하는 것으로서, 용적률을 산정할 때 층수가 50층 이상인 건축물에 설치하는 피난안전구역의 면적은 연면적에 산입하지 않는다.
> ㉣ 건축법상 일조권의 확보를 위한 건축물의 높이를 제한하는 지역은 원칙적으로 전용주거지역, 일반주거지역이다.
> ㉤ 일반상업지역에서 하나의 대지에 두 동 이상의 공동주택을 건축하는 경우에는 채광의 확보를 위하여 높이가 제한된다.

① 1개 ② 2개
③ 3개 ④ 4개
⑤ 5개

38 건축법령상 옳은 것은 모두 몇 개인가?

> ㉠ 「자연공원법」에 따른 자연공원은 특별건축구역으로 지정될 수 없다.
> ㉡ 협정체결자 또는 건축협정운영회의 대표자는 건축협정을 폐지하려는 경우 협정체결자 과반수의 동의를 받아 건축협정인가권자의 인가를 받아야 한다.
> ㉢ 건축물이 용적률을 초과하여 건축된 경우에는 해당 건축물에 적용되는 1제곱미터 당시가표준액의 100분의 50에 해당하는 금액에 100분의 80을 곱하는 비율로 이행강제금이 부과된다.
> ㉣ 허가권자는 위반 건축물에 대한 시정명령을 받은 자가 이를 이행하면 이미 부과된 이행강제금의 징수를 즉시 중지하여야 한다.
> ㉤ '건축허가권자'와 '해당 건축물의 건축 등으로 피해를 입은 인근주민' 간의 분쟁은 건축분쟁전문위원회의 조정 및 재정의 대상이 된다.

① 1개 ② 2개
③ 3개 ④ 4개
⑤ 5개

39 농지법령상 옳은 것은 모두 몇 개인가?

㉠ 관상용 수목의 묘목을 조경목적으로 식재한 재배지로 실제로 이용되는 토지는 농지에 해당한다.
㉡ 8년 이상 농업경영을 한 후 이농한 자는 이농 당시 소유 농지 중에서 총 10000㎡까지만 소유할 수 있다.
㉢ 군수는 처분명령을 받은 후 정당한 사유 없이 지정기간까지 그 처분명령을 이행하지 아니한 자에게 해당 농지의 감정가격 또는 개별공시지가 중 더 높은 가액의 100분의 20에 해당하는 이행강제금을 부과한다.
㉣ 임대차계약은 그 등기가 없는 경우에도 임차인이 농지소재지를 관할하는 시·구·읍·면의 장의 확인을 받고, 해당 농지를 인도받은 경우에는 그 다음날부터 제3자에 대하여 효력이 생긴다.
㉤ 농지의 임차인이 농작물의 재배시설로서 비닐하우스를 설치한 농지의 임대차기간은 10년 이상으로 하여야 한다.

① 1개
② 2개
③ 3개
④ 4개
⑤ 5개

40 농지법령상 옳은 것은 모두 몇 개인가?

㉠ 농업보호구역의 용수원 확보, 수질보전 등 농업 환경을 보호하기 위하여 필요한 지역을 농업진흥구역으로 지정할 수 있다.
㉡ 농지를 농업인 주택의 부지로 전용하려는 경우에는 농림축산식품부장관에게 농지전용신고를 하여야 한다.
㉢ 농지전용허가를 받은 자가 관계 공사의 중지명령을 위반한 경우에는 허가를 취소할 수 있다.
㉣ 농림축산식품부장관은 농지보전부담금을 내야하는 자가 납부기간까지 부담금을 내지 아니하면 체납된 부담금의 100분의 3에 해당하는 가산금을 부과하여야 한다.
㉤ 시·구·읍·면의 장은 관할구역 안에 있는 농지가 농지전용허가로 농지에 해당하지 않게 된 경우에는 그 농지대장을 따로 편철하여 10년간 보존해야 한다.

① 1개
② 2개
③ 3개
④ 4개
⑤ 5개

박문각 공인중개사

01 복습문제
02 마무리 연습

부록

복습문제

본문의 문제를 하나로 모아
다시 한 번 복습할 수 있도록 하였습니다.

01 복습문제(100제)

01 국토의 계획 및 이용에 관한 법령상의 용어에 관한 설명으로 옳은 것은 모두 몇 개인가?

> ㉠ 도시·군기본계획은 특별시·광역시·특별자치시·특별자치도·시 또는 군(광역시의 관할구역에 있는 군은 포함)의 관할구역에 대하여 기본적인 공간구조와 장기발전방향을 제시하는 종합계획을 말한다.
> ㉡ 도시·군관리계획을 시행하기 위한 도시개발법에 따른 개발사업은 도시·군계획사업에 포함되지 않는다.
> ㉢ 기반시설의 설치·정비 또는 개량에 관한 계획은 도시·군관리계획으로 결정한다.
> ㉣ 성장관리계획이란 지구단위구역에서의 난개발을 방지하고 계획적인 개발을 유도하기 위하여 수립하는 계획을 말한다.
> ㉤ 지구단위계획은 도시·군계획수립 대상지역의 일부에 대하여 토지이용을 합리화하고, 해당 지역을 체계적·계획적으로 관리하기 위하여 수립하는 도시·군기본계획이다.

① 1개   ② 2개   ③ 3개
④ 4개   ⑤ 5개

02 국토의 계획 및 이용에 관한 법령상 광역도시계획에 관한 설명으로 옳은 것은 모두 몇 개인가?

> ㉠ 광역계획권이 둘 이상의 시·도의 관할구역에 걸쳐 있는 경우에는 관할 도지사가 공동으로 광역계획권을 지정하여야 한다.
> ㉡ 국토교통부장관은 광역도시계획을 수립하려는 경우 주민공청회는 생략할지라도 관계 전문가에게는 의견을 들어야 한다.
> ㉢ 국가계획과 관련된 광역도시계획의 수립이 필요한 경우 국토교통부장관이 광역도시계획을 수립한다.
> ㉣ 광역계획권이 둘 이상의 시·도의 관할구역에 걸쳐 있는 경우에는 국토교통부장관이 광역도시계획을 수립한다.
> ㉤ 도지사가 시장·군수의 조정신청을 받아 광역도시계획의 내용을 조정하는 경우 중앙도시계획위원회의 심의를 거쳐야 한다.

① 1개   ② 2개   ③ 3개
④ 4개   ⑤ 5개

03 국토의 계획 및 이용에 관한 법령상 도시·군기본계획에 관한 설명으로 옳은 것은 모두 몇 개인가?

㉠ 시장 또는 군수는 도시·군기본계획의 수립에 필요한 사항으로서 해당 지역의 기후·지형 등 자연적 여건과 기반시설 등에 대하여 조사하거나 측량하여야 한다.
㉡ 시장 또는 군수는 지역여건상 필요하다고 인정되더라도 인접한 시 또는 군의 시장 또는 군수와 협의를 거친 후 그 인접한 시 또는 군의 관할구역 일부가 아닌 전부를 포함하는 도시·군기본계획을 수립할 수 없다.
㉢ 특별시장·광역시장이 수립한 도시·군기본계획의 승인은 국토교통부장관이 하고, 시장·군수가 수립한 도시·군기본계획의 승인은 도지사가 한다.
㉣ 「수도권정비계획법」에 의한 수도권에 속하지 아니하고 광역시와 경계를 같이 하지 않은 인구 9만명인 시 또는 군은 도시·군기본계획을 수립하지 아니하여야 한다.
㉤ 국토교통부장관은 5년마다 관할구역의 도시·군기본계획에 대하여 그 타당성 여부를 전반적으로 재검토하여 정비하여야 한다.

① 1개　　② 2개　　③ 3개
④ 4개　　⑤ 5개

04 국토의 계획 및 이용에 관한 법령상 도시·군관리계획에 관한 설명으로 옳은 것은 모두 몇 개인가?

㉠ 도시·군관리계획의 입안을 제안 받은 자는 제안자와 협의하여 제안된 도시·군관리계획의 입안 및 결정에 필요한 비용의 전부 또는 일부를 제안자에게 부담시켜야 한다.
㉡ 국토교통부장관은 관계 중앙행정기관의 장의 요청이 없어도 국가안전보장상 기밀을 지켜야 할 필요가 있다고 인정되면 중앙도시계획위원회의 심의를 거치지 않고 도시·군관리계획을 결정할 수 있다.
㉢ 도시·군기본계획 입안일부터 5년 이내에 토지적성평가를 실시한 경우 등 대통령령으로 정하는 경우에는 토지적성평가를 하지 아니할 수 있다.
㉣ 주민이 입안을 제안하고자 하는 경우 기반시설의 설치에 관한 사항은 대상 토지면적의 3분의 2 이상의 동의를 받아야 한다.
㉤ 도시·군관리계획의 입안의 제안을 받은 자는 그 처리결과를 제안자에게 제안일부터 30일 이내에 도시·군관리계획 입안에의 반영 여부를 통보하여야 한다.

① 1개　　② 2개　　③ 3개
④ 4개　　⑤ 5개

05 국토의 계획 및 이용에 관한 법령상 도시·군계획에 관한 설명으로 옳은 것은 모두 몇 개인가?

> ㉠ 도시·군기본계획에는 경관에 관한 사항에 대한 정책방향이 포함되어야 한다.
> ㉡ 도시·군계획은 특별시·광역시·특별자치시·특별자치도·시 또는 군(광역시의 관할구역에 있는 군은 제외)의 관할구역에 대하여 수립하는 공간구조와 발전방향에 대한 계획으로서 도시·군기본계획과 도시·군관리계획으로 구분한다.
> ㉢ 개발제한구역의 지정에 관한 도시·군관리계획결정 당시 이미 사업에 착수한 자는 도시·군관리계획 결정에 관계없이 그 사업을 계속할 수 있다.
> ㉣ 지구단위계획구역 안의 나대지 면적이 구역면적의 2%에 미달하는 경우에는 도시·군관리계획에서 기초조사, 환경성 검토, 토지적성평가 또는 재해취약성분석을 하지 아니할 수 있다.
> ㉤ 도시·군관리계획이 광역도시계획 또는 도시·군기본계획에 부합되지 않으면 당연무효가 된다.

① 1개 ② 2개 ③ 3개
④ 4개 ⑤ 5개

06 국토의 계획 및 이용에 관한 법령상 용도지역에 관한 설명으로 옳은 것은 모두 몇 개인가?

> ㉠ 관리지역에서 「농지법」에 따른 농업진흥지역으로 지정·고시된 지역은 이 법에 따른 농림지역으로 결정·고시된 것으로 본다.
> ㉡ 도시지역으로의 편입이 예상되는 지역이나 자연환경을 고려하여 제한적인 이용·개발을 하려는 지역으로서 계획적·체계적인 관리가 필요한 지역은 도시지역 중 자연녹지지역에 해당한다.
> ㉢ 제2종 전용주거지역이란 공동주택 중심의 편리한 주거환경을 보호하기 위하여 필요한 지역을 말한다.
> ㉣ 「항만법」에 따른 항만구역으로서 관리지역에 연접한 공유수면은 도시지역으로 결정·고시된 것으로 본다.
> ㉤ 「산업입지 및 개발에 관한 법률」에 따른 국가산업단지, 농공단지 및 도시첨단산업단지는 도시지역으로 결정·고시된 것으로 본다.

① 1개 ② 2개 ③ 3개
④ 4개 ⑤ 5개

07 국토의 계획 및 이용에 관한 법령상 도시지역 중 건폐율의 최대한도가 낮은 지역부터 높은 지역 순으로 옳게 나열한 것은? (단, 조례 등 기타 강화·완화조건은 고려하지 않음)

① 일반상업지역 - 준공업지역 - 제2종 일반주거지역
② 보전녹지지역 - 유통상업지역 - 준공업지역
③ 계획관리지역 - 준주거지역 - 유통상업지역
④ 전용공업지역 - 중심상업지역 - 제1종 전용주거지역
⑤ 자연녹지지역 - 일반상업지역 - 준주거지역

08 국토의 계획 및 이용에 관한 법령상 용도지구에 관한 설명으로 틀린 것은 모두 몇 개인가?

㉠ 주거기능, 공업기능, 유통·물류기능 및 관광·휴양기능 외의 기능을 중심으로 특정한 목적을 위하여 개발·정비할 필요가 있는 용도지구는 특정개발진흥지구이다.
㉡ 보호지구는 특화보호지구, 중요시설물보호지구, 생태계보호지구로 세분화 된다.
㉢ 시·도지사는 법률에서 정하고 있는 용도지구 외에 새로운 용도지구를 신설할 수 없다.
㉣ 고도지구에서는 도시·군계획조례로 정하는 높이를 초과하는 건축물을 건축할 수 없다.
㉤ 개발제한구역 안에서만 지정할 수 있는 용도지구는 집단취락지구이다.

① 1개 ② 2개 ③ 3개
④ 4개 ⑤ 5개

09 국토의 계획 및 이용에 관한 법령상 자연취락지구에 건축할 수 있는 건축물이 아닌 것은?

① 노래연습장 ② 도축장
③ 동물병원 ④ 동물화장시설
⑤ 교도소

10 국토의 계획 및 이용에 관한 법령상 용도구역에 관한 설명으로 옳은 것은 모두 몇 개인가?

> ㉠ 시·도지사는 도시자연공원구역의 변경을 도시·군관리계획으로 결정할 수 있다.
> ㉡ 시가화조정구역의 지정에 관한 도시·군관리계획의 결정은 시가화유보기간이 만료된 날부터 그 효력을 상실한다.
> ㉢ 국방과 관련하여 보안상 도시개발을 제한할 필요가 있을 경우 도시·군관리계획에 의해 개발제한구역을 지정할 수 있다.
> ㉣ 해양수산부장관은 수산자원보호구역의 변경을 도시·군관리계획으로 결정할 수 있다.
> ㉤ 용도구역이란 토지의 이용 및 건축물의 용도·건폐율·용적률·높이 등에 대한 용도지역 및 용도지구의 제한을 강화하거나 완화하여 따로 정함으로써 시가지의 무질서한 확산방지를 위하여 도시·군기본계획으로 결정하는 지역을 말한다.

① 1개 ② 2개 ③ 3개
④ 4개 ⑤ 5개

11 국토의 계획 및 이용에 관한 법령상 시가화조정구역에서는 도시·군계획사업의 경우 외 허가를 받아 행위를 할 수 <u>없는</u> 것은?

① 농업·임업 또는 어업을 영위하는 자가 농업·임업 또는 어업용의 건축물의 건축
② 마을공동시설의 설치
③ 기존 건축물의 동일한 용도 및 규모 안에서의 대수선
④ 공익시설의 설치
⑤ 종교시설의 신축(연면적 200%을 초과할 수 없다)

12 국토의 계획 및 이용에 관한 법령상 용도지역·용도지구·용도구역에 관한 설명으로 옳은 것은 모두 몇 개인가?

> ㉠ 용도지역이란 토지의 이용 및 건축물의 용도, 건폐율, 용적률, 높이 등을 제한함으로써 토지를 경제적·효율적으로 이용하고 공공복리의 증진을 도모하기 위하여 서로 중복되지 않게 도시·군관리계획으로 결정하는 지역을 말한다.
> ㉡ 시·도지사 또는 대도시 시장은 일반주거지역·일반공업지역·계획관리지역에 복합용도지구를 지정할 수 있다.
> ㉢ 「도로법」에 따른 접도구역의 법률 규정은 도시지역에도 적용한다.
> ㉣ 하나의 건축물이 방화지구와 그 밖의 용도지역 등에 걸쳐 있는 경우에는 그 전부에 대하여 방화지구의 건축물과 대지에 관한 규정을 적용한다.
> ㉤ 시·도지사 또는 대도시 시장은 연안침식이 진행 중이거나 우려되는 지역에 대해서는 방재지구의 지정 또는 변경을 도시·군계획조례로 결정하여야 한다.

① 1개 ② 2개 ③ 3개
④ 4개 ⑤ 5개

13 A시에 甲이 소유하고 있는 1,000제곱미터의 대지는 제1종 일반주거지역에 800제곱미터, 제3종 일반주거지역에 200제곱미터씩 걸쳐 있다. 甲이 대지 위에 건축할 수 있는 최대 연면적이 2,100제곱미터일 때, A시 조례에서 정하고 있는 제1종 일반주거지역의 용적률로 옳은 것은? (단, 조례상 제3종 일반주거지역의 용적률은 250퍼센트이며, 그 밖에 건축제한은 고려하지 않음)

① 100퍼센트 ② 120퍼센트 ③ 150퍼센트
④ 180퍼센트 ⑤ 200퍼센트

14 A시에 소재하고 있는 甲의 대지는 1,200제곱미터로 그림과 같이 준주거지역과 일반상업지역에 걸쳐 있으면서, 도로변에 띠 모양으로 지정된 일반상업지역으로 지정되어 있다. 甲이 대지 위에 하나의 건축물을 건축하고자 할 때, 건축할 수 있는 건축물의 최대 연면적은? (단, A시의 도시·군계획조례상 일반상업지역 용적률은 600퍼센트이며, 준주거지역의 용적률은 400퍼센트이고, 이외의 기타 건축제한은 고려하지 않음)

| 준주거지역 800제곱미터 |
| 일반상업지역 400제곱미터 |
| 도로 |

① 4,500제곱미터   ② 5,600제곱미터
③ 6,400제곱미터   ④ 7,200제곱미터
⑤ 8,300제곱미터

15 국토의 계획 및 이용에 관한 법령상 지구단위계획에 관한 설명으로 옳은 것은 모두 몇 개인가?

> ⊙ 국토교통부장관, 시·도지사, 시장 또는 군수는 도시지역 내 녹지지역에서 주거지역으로 변경되는 체계적·계획적인 관리가 필요한 지역으로서 그 면적이 40만제곱미터인 지역은 지구단위계획구역으로 지정하여야 한다.
> ⓒ 용도지역을 변경하는 지구단위계획에는 건축물의 건축선은 반드시 포함될 대상에 해당한다.
> ⓒ 도시지역 내에 지정하는 지구단위계획구역에 대해서는 당해 지역에 적용되는 건폐율의 150퍼센트 및 용적률의 200퍼센트 이내에서 강화하여 적용할 수 있다.
> ② 주민은 시장 또는 군수에게 지구단위계획구역의 지정에 관한 사항에 대하여 도시·군관리계획의 입안을 제안할 수 없다.
> ⓜ 지구단위계획구역의 지정에 관한 도시·군관리계획결정의 고시일부터 3년 이내에 그 지구단위계획이 결정·고시되지 아니하면 그 3년이 되는 날에 그 지구단위계획구역의 지정에 관한 도시·군관리계획결정은 효력을 잃는다.

① 1개 ② 2개 ③ 3개
④ 4개 ⑤ 5개

16 국토의 계획 및 이용에 관한 법령상 도시지역 내 지구단위계획구역 지정시 재량적 지정 대상지역에 해당하지 않는 지역은?

① 「도시개발법」에 따라 지정된 도시개발구역
② 「주택법」에 따른 대지조성사업지구
③ 개발제한구역에서 해제되는 구역
④ 공업지역에서 녹지지역으로 변경되는 구역
⑤ 용도지구

17 국토의 계획 및 이용에 관한 법령상 기반시설에 관한 설명으로 옳은 것은 모두 몇 개인가?

> ㉠ 하수도, 폐차장, 폐기물처리 및 재활용 시설, 빗물저장시설, 도축장은 환경기초시설에 해당한다.
> ㉡ 광역시설의 설치 및 관리는 공동구의 설치·관리에 따른다.
> ㉢ 도로를 세분하면 보행자전용도로, 자전거전용도로, 보행자우선도로, 고속도로, 고가도로, 지하도로이다.
> ㉣ 국가계획으로 설치하는 광역시설은 그 광역시설의 설치·관리를 사업목적 또는 사업종목으로 하여 다른 법률에 따라 설립된 법인이 설치·관리할 수 있다.
> ㉤ 도시·군계획시설이란 기반시설 중 도시·군관리계획으로 결정된 시설을 말한다.

① 1개　　② 2개　　③ 3개
④ 4개　　⑤ 5개

18 국토의 계획 및 이용에 관한 법령상 공동구에 관한 설명으로 옳은 것은 모두 몇 개인가?

> ㉠ 도청이전을 위한 도시건설 및 지원에 관한 특별법에 따른 도청이전 신도시는 공동구설치대상지역에 해당하지 않는다.
> ㉡ 200만제곱미터인 경우에는 해당 지역 등에서 개발사업을 시행하는 자는 공동구를 설치하여야 한다.
> ㉢ 공동구관리자는 1년에 1회 이상 공동구의 안전점검을 실시하여야 하며, 안전점검 결과 이상이 있다고 인정되는 때에는 지체 없이 정밀안전진단·보수·보강 등 필요한 조치를 하여야 한다.
> ㉣ 사업시행자는 공동구의 설치공사를 완료한 때에는 지체 없이 공동구 점용예정자에게 개별적으로 통지하여야 한다.
> ㉤ 공동구관리자는 5년마다 해당 공동구의 안전 및 유지관리계획을 대통령령으로 정하는 바에 따라 수립·시행하여야 한다.

① 1개　　② 2개　　③ 3개
④ 4개　　⑤ 5개

19 국토의 계획 및 이용에 관한 법령상 도시·군계획시설사업에 관한 설명으로 옳은 것은 모두 몇 개인가?

> ㉠ 단계별 집행계획은 제1단계 집행계획과 제2단계 집행계획으로 구분하여 수립하되, 2년 이내에 시행하는 도시·군계획시설사업은 제1단계 집행계획에, 2년 후에 시행하는 도시·군계획시설사업은 제2단계 집행계획에 포함될 수 있다.
> ㉡ 행정청인 도시·군계획시설사업의 시행자가 도시·군계획시설사업에 의하여 새로 공공시설을 설치한 경우 새로 설치된 공공시설은 그 시설을 관리할 관리청에 무상으로 귀속된다.
> ㉢ 개발행위로 인하여 주변의 환경·경관·미관·국가유산 등이 크게 오염되거나 손상될 우려가 있는 지역은 최대 5년간 제한이 허용된다.
> ㉣ 「한국전력공사법」에 따른 한국전력공사는 도시·군계획시설사업의 시행자가 될 수 없다.
> ㉤ 도시·군계획시설결정의 고시일부터 2년이 지날 때까지 그 시설의 설치에 관한 사업이 시행되지 아니한 도시·군계획시설 중 단계별 집행계획이 수립되지 아니한 도시·군계획시설의 부지에 대하여는 가설건축물의 건축을 허가할 수 있다.

① 1개　　② 2개　　③ 3개
④ 4개　　⑤ 5개

20 국토의 계획 및 이용에 관한 법령상 도시·군계획시설사업 중 사업시행자 보호조치에 관한 설명으로 옳은 것은 모두 몇 개인가?

> ㉠ 도시·군계획에 관한 기초조사, 개발밀도관리구역에 관한 기초조사, 도시·군관리계획시설사업에 관한 측량, 지가의 동향에 관한 조사를 위하여 시행자가 타인의 토지에 출입이 가능하다.
> ㉡ 시행자는 사업시행을 위하여 특히 필요하다고 인정되면 도시·군계획시설에 인접한 토지 등을 일시 사용할 수 있다.
> ㉢ 도시·군계획시설사업의 시행자는 이해관계인에게 서류를 송달할 필요가 있으나 이해관계인의 주소 또는 거소가 불분명하거나 그 밖의 사유로 서류를 송달할 수 없는 경우에는 그 서류의 송달을 갈음하여 그 내용을 공시할 수 있다.
> ㉣ 도시·군계획시설사업의 시행자가 비행정청인 경우 시행자의 처분에 대해서는 행정심판을 제기할 수 있다.
> ㉤ 재결 신청은 「공익사업을 위한 토지 등의 취득 및 보상에 관한 법률」에도 불구하고 실시계획에서 정한 도시·군계획시설사업의 시행기간에 하여야 한다.

① 1개　　② 2개　　③ 3개
④ 4개　　⑤ 5개

21 甲소유의 토지는 경기도 A시에 소재한 지목이 대(垈)인 토지로서 한국토지주택공사를 사업시행자로 하는 도시·군계획시설 부지이다. 甲의 토지에 대해 국토의 계획 및 이용에 관한 법령상 도시·군계획시설 부지의 매수청구권이 인정되는 경우, 이에 관한 설명으로 옳은 것은? (단, 도시·군계획시설의 설치의무자는 사업시행자이며, 조례는 고려하지 않음)

① 토지 소유자 甲은 한국토지주택공사에게 매수를 청구할 수 없다.
② 甲이 매수청구를 할 수 있는 대상은 토지이며, 그 토지에 있는 건축물은 포함되지 않는다.
③ 매수의무자는 매수청구를 받은 날부터 6개월 이내에 매수여부를 결정하여 甲에게 알려야 한다.
④ 甲이 원하는 경우 매수의무자는 도시·군계획시설채권을 발행하여 그 대금을 지급할 수 있다.
⑤ 매수청구에 대해 매수의무자가 매수하지 아니하기로 결정한 경우 甲은 자신의 토지에 3층의 다세대주택을 건축할 수 있다.

22 국토의 계획 및 이용에 관한 법령상 도시·군계획시설채권에 관한 설명으로 옳은 것은 모두 몇 개인가?

> ㉠ 부재부동산 소유자의 토지 또는 비업무용 토지로서 매수대금이 2천만원을 초과하여 그 초과하는 금액을 지급하는 경우 도시·군계획시설채권을 발행하여 지급할 수 있다.
> ㉡ 도시·군계획시설채권의 상환기간은 5년 이상 10년 이내로 한다.
> ㉢ 토지 소유자가 원하는 경우에 한하여 매수의무자가 지방자치단체인 경우에는 도시·군계획시설채권을 발행하여 지급할 수 있다.
> ㉣ 매수하기로 결정한 토지는 매수 결정을 알린 날부터 3년 이내에 매수하여야 한다.
> ㉤ 도시·군계획시설채권은 무기명채권에 해당한다.

① 1개 ② 2개 ③ 3개
④ 4개 ⑤ 5개

23 국토의 계획 및 이용에 관한 법령상 개발행위에 관한 설명으로 옳은 것은 모두 몇 개인가?

> ㉠ 경작을 위한 전·답 사이의 지목변경을 수반하는 토지의 형질변경은 허가를 받아야 한다.
> ㉡ 토지 분할에 대해 개발행위허가를 받은 자가 그 개발행위를 마치면 관할 행정청의 준공검사를 받아야 한다.
> ㉢ 재해복구 또는 재난수습을 위한 응급조치는 1개월 이내 개발행위허가를 신청하여야 한다.
> ㉣ 토지의 일부를 공공용지로 하기 위해 토지를 분할하는 경우에는 개발행위허가를 받아야 한다.
> ㉤ 사업시간을 단축하는 경우에는 지체 없이 그 사실을 특별시장·광역시장·특별자치시장·특별자치도지사·시장 또는 군수에게 통지하여야 한다.

① 1개　　　② 2개　　　③ 3개
④ 4개　　　⑤ 5개

24 국토의 계획 및 이용에 관한 법령상 개발밀도관리구역에 관한 설명으로 옳은 것은 모두 몇 개인가?

> ㉠ 개발밀도관리구역에 대하여는 기반시설의 변화가 있는 경우, 이를 즉시 검토하여 그 구역의 해제 등 필요한 조치를 취하여야 한다.
> ㉡ 특별시장·광역시장·특별자치시장·특별자치도지사·시장 또는 군수는 개발밀도관리구역을 지정하거나 변경하려면 주민의 의견청취를 거쳐 해당 지방자치단체에 설치된 지방도시계획위원회의 심의를 거쳐야 한다.
> ㉢ 개발밀도관리구역에서는 당해 용도지역에 적용되는 용적률의 최대한도의 50퍼센트 범위에서 용적률을 강화하여 적용한다.
> ㉣ 개발밀도관리구역의 지정기준, 관리 등에 관하여 필요한 사항은 종합적으로 고려하여 국토교통부장관이 정한다.
> ㉤ 개발밀도관리구역을 지정하거나 변경한 경우에는 그 사실을 해당 지방자치단체의 공보에 게재하여 고시하고, 그 내용을 인터넷 홈페이지에 게재하여야 한다.

① 1개　　　② 2개　　　③ 3개
④ 4개　　　⑤ 5개

25
국토의 계획 및 이용에 관한 법령상 기반시설부담구역에 관한 설명으로 옳은 것은 모두 몇 개인가?

> ㉠ 기반시설부담구역은 개발밀도관리구역과 중복하여 지정할 수 있다.
> ㉡ 기반시설부담구역의 지정·고시일부터 1년이 되는 날까지 기반설치계획을 수립하지 아니하면 그 1년이 되는 날의 다음 날에 기반시설부담구역의 지정은 해제된 것으로 본다.
> ㉢ 기반시설설치비용은 현금, 신용카드 또는 직불카드로 납부하도록 하되, 부과대상 토지 및 이와 비슷한 토지로 하는 납부를 인정할 수 있다.
> ㉣ 기반시설부담구역에서 기반시설설치비용의 부과대상인 건축행위는 200제곱미터 초과인 건축물의 신축·증축(리모델링 포함)행위로 한다.
> ㉤ 전전년도 개발행위허가 건수가 100건이었으나, 전년도 개발행위허가 건수가 120건으로 증가한 지역은 기반시설부담구역으로 지정하여야 한다.

① 1개 ② 2개 ③ 3개
④ 4개 ⑤ 5개

26
국토의 계획 및 이용에 관한 법령상 다음 설명 중 옳은 것은?

① 광역계획권을 지정한 날부터 2년이 지날 때까지 관할 시장 또는 군수로부터 광역도시계획의 승인 신청이 없는 경우에는 관할 도지사가 수립하여야 한다.
② 군수는 도시·군관리계획을 조속히 입안하여야 할 필요가 있다고 인정되면 도시·군기본계획을 생략하고 도시·군관리계획만 입안할 수 있다.
③ 국가나 지방자치단체는 자연취락지구 안의 주민의 생활 편익과 복지 증진 등을 위하여 도로·수도공급설비·하수도 등의 정비사업을 시행하거나 그 사업을 지원할 수 있다.
④ 도시·군관리계획결정을 고시한 경우에는 국·공유지로서 도시·군계획시설사업에 필요한 토지는 그 도시·군관리계획으로 정하여진 목적 외의 목적으로 매각하거나 양도할 수 없다. 이를 위반한 행위는 취소하여야 한다.
⑤ 도시·군계획시설결정이 고시된 도시·군계획시설에 대하여 그 고시일부터 10년이 지날 때까지 그 시설의 설치에 관한 도시·군계획시설사업이 시행되지 아니하는 경우 그 도시·군계획시설결정은 그 고시일부터 10년이 되는 날의 다음 날에 그 효력을 잃는다.

27 국토의 계획 및 이용에 관한 법령상 다음 설명 중 옳은 것은?

① 지구단위계획구역에서 건축물(가설건축물 제외)을 건축 또는 용도변경하거나 공작물을 설치하려면 그 지구단위계획에 맞게 하여야 한다.
② 도시의 지속가능성 및 생활인프라 수준의 최종평가 주체는 시·도지사이다.
③ 체육시설·연구시설·사회복지시설은 반드시 미리 도시·군관리계획으로 결정하고 설치하여야 한다.
④ 매수 청구된 토지의 매수가격·매수절차 등에 관하여 이 법에 특별한 규정이 있는 경우 외에는 공시지가를 적용한다.
⑤ 국토교통부장관은 시·도지사가 요청하는 경우에는 시·도지사와 공동으로 광역도시계획을 수립할 수 있으며, 시·도지사가 협의를 거쳐 요청하는 경우에는 단독으로 광역도시계획을 수립할 수 있다.

28 국토의 계획 및 이용에 관한 법령상 다음 설명 중 옳은 것은?

① 광역도시계획인 경우 국토교통부장관, 시·도지사, 시장 또는 군수가 기초조사정보체계를 구축한 경우에는 등록된 정보의 현황을 3년마다 확인하고 변동사항을 반영하여야 한다.
② 용도지구를 폐지하고 그 용도지구에서의 행위 제한 등을 지구단위계획으로 대체하려는 지역은 지구단위구역으로 지정하여야 한다.
③ 광장은 교통광장, 일반광장, 경관광장, 지하광장, 건축물부설광장으로 세분화 된다.
④ 시행자는 도시·군계획시설사업의 공사를 마친 때에는 국토교통부령으로 정하는 바에 따라 공사완료보고서를 작성하여 국토교통부장관, 시·도지사나 대도시 시장의 준공검사를 받아야 한다.
⑤ 시장(대도시 시장은 포함)이나 군수는 지형도면(지구단위계획구역의 지정·변경과 지구단위계획의 수립·변경은 제외)을 작성하면 도지사의 승인을 받아야 한다. 이 경우 도지사는 30일 이내에 그 지형도면을 승인하여야 한다.

29 국토의 계획 및 이용에 관한 법령상 다음 설명 중 옳은 것은?

① 개발행위허가를 받은 부지면적을 5퍼센트 범위내에서 확장 또는 축소하는 경우에는 변경허가를 받지 않아도 된다.
② 자연취락지구 안에서 건축할 수 있는 건축물은 5층 이하의 건축물에 한한다.
③ 기반시설의 설치나 그에 필요한 용지의 확보, 위해 방지, 환경오염 방지, 경관 조성, 조경 등을 위하여 필요하다고 인정되는 경우에는 그 이행을 담보하기 위하여 모든 시행자에게 이행보증금을 예치하게 할 수 있다.
④ 도시·군계획시설결정의 해제를 권고받은 특별시장·광역시장·특별자치시장·특별자치도지사·시장 또는 군수는 특별한 사유가 없으면 신청을 받은 날부터 2년 이내에 해당 도시·군계획시설의 해제를 위한 도시·군관리계획결정을 하여야 한다.
⑤ 국토교통부장관, 시·도지사, 시장·군수 또는 구청장은 개발행위허가의 취소, 도시·군계획시설사업의 시행자 지정의 취소, 실시계획인가의 취소에 해당하는 처분을 하려면 청문을 하여야 한다.

30 국토의 계획 및 이용에 관한 법령상 다음 설명 중 옳은 것은?

① 광역도시계획이 승인된 경우 국토교통부장관은 그 내용을 관보에 게재하여 공고하고 일반인이 관계 서류를 30일 이상 열람할 수 있도록 하여야 한다.
② 일반주거지역, 준주거지역, 중심상업지역, 일반상업지역, 근린상업지역, 준공업지역에서는 아파트 건축이 가능하다.
③ 공동구의 관리에 소요되는 비용은 그 공동구를 점용하는 자가 함께 부담하되, 부담비율은 점용면적을 고려하여 조례로 정한다.
④ 도시·군계획시설결정의 고시일부터 10년 이내에 그 도시·군계획시설의 설치에 관한 도시·군계획시설사업이 시행되지 아니하는 경우(실시계획의 인가나 그에 상당하는 절차가 진행된 경우는 제외) 그 도시·군계획시설의 부지로 되어 있는 토지 중 지목이 대인 토지(건축물 및 정착물 포함)의 소유자는 특별시장·광역시장·특별자치시장·특별자치도지사·시장 또는 군수에게 그 토지의 매수를 청구하여야 한다.
⑤ 지구단위계획구역의 지정에 관한 도시·군관리계획결정의 고시일부터 3년 이내에 그 지구단위계획이 결정·고시되지 아니하면 그 3년이 되는 날의 다음 날에 그 지구단위계획구역의 지정에 관한 도시·군관리계획결정은 효력을 잃는다.

31 건축법령상 용어에 관한 설명으로 옳은 것은 모두 몇 개인가?

> ㉠ 지하층은 건축물의 바닥이 지표면 아래에 있는 층으로서 바닥에서 지표면까지 평균높이가 해당 층 높이의 3분의 1 이상인 것을 말한다.
> ㉡ 관광휴게시설 용도로 쓰는 바닥면적의 합계가 5천제곱미터인 건축물은 다중이용건축물에 해당한다.
> ㉢ 같은 대지에서 주된 건축물과 분리된 부속용도의 건축물로서 주된 건축물을 이용 또는 관리하는 데에 필요한 건축물을 부속건축물이라 한다.
> ㉣ 초고층건축물에 해당하려면 층수가 50층 이상이고 높이가 200미터 이상이어야 한다.
> ㉤ 건축물의 노후화를 억제하기 위하여 일부 증축 또는 개축하는 행위는 리모델링이나, 건축물의 기능향상을 위하여 대수선하는 행위는 리모델링이 아니다.

① 1개　　　② 2개　　　③ 3개
④ 4개　　　⑤ 5개

32 건축법령상 적용대상에 관한 설명으로 옳은 것은 모두 몇 개인가?

> ㉠ '주요구조부'란 내력벽(耐力壁), 기둥, 바닥, 작은보, 지붕틀 및 주계단(主階段)을 말한다.
> ㉡ 건축물과 분리된 높이 6미터인 옹벽, 첨탑, 광고탑, 고가수조는 특별자치시장·특별자치도지사 또는 시장·군수·구청장에게 신고하여야 한다.
> ㉢ 고속도로 통행료 징수시설은 「건축법」상 건축물에 해당한다.
> ㉣ 건축물이란 토지에 정착하는 공작물 중 지붕과 기둥 또는 벽이 있는 것과 이에 딸린 시설물 중 지하나 고가의 공작물에 설치하는 사무소를 제외한 것을 말한다.
> ㉤ 철도역사는 「건축법」상 건축물에 해당한다.

① 1개　　　② 2개　　　③ 3개
④ 4개　　　⑤ 5개

33 건축법령상 건축에 관한 설명으로 옳은 것은 모두 몇 개인가?

> ㉠ 기존 건축물이 있는 대지에서 건축물의 연면적을 늘리는 것은 증축에 해당한다.
> ㉡ 건축이라 함은 건축물을 신축·증축·개축·재축·이전 또는 대수선하는 것을 말한다.
> ㉢ 부속건축물만 있는 대지에 새로 주된 건축물을 축조하는 것은 증축이라고 한다.
> ㉣ 건축물의 주요구조부를 해체하고 같은 대지의 다른 위치로 옮기는 것은 이전에 해당한다.
> ㉤ 개축은 기존 건축물의 전부 또는 일부를 해체하고 그 대지에 종전과 같은 규모의 범위에서 건축물을 다시 축조하는 것을 말한다.

① 1개   ② 2개   ③ 3개
④ 4개   ⑤ 5개

34 건축법령상 대수선에 관한 설명으로 옳은 것은 모두 몇 개인가?

> ㉠ 건축물의 외벽에 사용하는 벽면적 35m²을 수선하는 것은 대수선에 해당한다.
> ㉡ 다가구주택의 가구 간 경계벽 또는 다세대주택의 세대 간 경계벽을 수선 또는 변경하는 것은 대수선에 해당한다.
> ㉢ 건축물의 주계단·피난계단·특별피난계단을 증설하는 행위는 대수선이다.
> ㉣ 기둥 1개, 보 2개, 지붕틀 1개를 각각 수선 또는 변경하는 것은 대수선에 해당한다.
> ㉤ 지붕틀을 두 개 증설하는 것은 대수선에 해당하지 않는다.

① 1개   ② 2개   ③ 3개
④ 4개   ⑤ 5개

35 건축법령상 용도변경에 관한 설명으로 옳은 것은 모두 몇 개인가?

> ㉠ 「건축법 시행령」상 기숙사는 공동주택에 해당한다.
> ㉡ 장의사, 안마시술소, 어린이회관은 제2종 근린생활시설에 해당한다.
> ㉢ 방송통신시설을 장례시설로 변경하는 경우는 특별자치시장·특별자치도지사 또는 시장·군수·구청장에게 신고를 하여야 한다.
> ㉣ 허가대상인 경우로서 용도변경하려는 부분의 바닥면적의 합계가 100m²인 경우는 건축물의 사용승인을 준용한다.
> ㉤ 신고대상인 경우로서 용도변경하려는 부분의 바닥면적의 합계가 600m²인 용도변경의 설계에 관하여는 건축사의 설계를 준용한다.

① 1개   ② 2개   ③ 3개
④ 4개   ⑤ 5개

36 건축법령상 건축허가에 관한 설명으로 옳은 것은 모두 몇 개인가?

> ㉠ 허가권자는 허가를 받은 자가 착공신고 전에 경매 또는 공매 등으로 건축주가 대지의 소유권을 상실한 때부터 6개월이 경과한 이후 공사의 착수가 불가능하다고 판단되는 경우에는 그 허가를 취소하여야 한다.
> ㉡ 사전결정신청자는 사전결정을 통지받은 날부터 2년 이내에 건축허가를 신청하여야 하며, 그 기간에 건축허가를 신청하지 아니하는 경우에는 사전결정의 효력이 상실된다.
> ㉢ 층수가 21층 이상이거나 연면적의 합계가 10만제곱미터 이상인 공장을 특별시나 광역시에 건축하려면 특별시장이나 광역시장의 허가를 받아야 한다.
> ㉣ 건축허가나 건축물의 착공을 제한하는 경우 제한기간은 3년 이내로 하며, 1회에 한하여 2년 이내 연장할 수 있다.
> ㉤ 건축허가 대상 건축물을 건축하려는 자가 허가권자의 사전결정통지를 받은 경우 「산지관리법」에 따른 도시지역 안의 보전산지 산지전용허가를 받은 것으로 간주한다.

① 1개 ② 2개 ③ 3개
④ 4개 ⑤ 5개

37 건축법령상 건축신고를 하면 건축허가를 받은 것으로 볼 수 있는 경우에 해당하는 것은?
① 기존 건축물의 높이에서 5미터를 증축하는 건축물
② 연면적 200제곱미터인 2층 건축물의 피난계단 증설
③ 관리지역 안에서 연면적 500제곱미터인 3층인 공장의 신축
④ 연면적의 합계가 150제곱미터인 단층 건축물의 신축
⑤ 연면적 300제곱미터인 5층 건축물의 방화벽 수선

38 건축법령상 건축물 구조에 관한 설명으로 옳은 것은 모두 몇 개인가?

㉠ 층수가 11층 이상인 건축물로서 11층 이상인 층의 바닥면적의 합계가 1만㎡ 이상인 건축물의 옥상에는 헬리포트를 설치하거나 헬리콥터를 통하여 인명 등을 구조할 수 있는 공간을 확보하여야 한다.
㉡ 옥상광장 또는 2층 이상인 층에 있는 노대 등의 주위에는 높이 1.5m의 난간을 설치하여야 한다.
㉢ 단독주택, 다중주택, 다가구주택에 해당하는 건축물은 국토교통부장관이 정하여 고시하는 범죄예방 기준에 따라 건축하여야 한다.
㉣ 인접 대지경계선으로부터 직선거리 2m 이내에 이웃주택의 내부가 보이는 창문 등을 설치하는 경우에는 차면시설을 설치하여야 한다.
㉤ 층고란 방의 바닥구조체 아랫면으로부터 위층 바닥구조체의 아랫면까지의 높이로 한다.

① 1개 ② 2개 ③ 3개
④ 4개 ⑤ 5개

39 건축법령상 설명으로 옳은 것은 모두 몇 개인가?

㉠ 대지의 배수에 지장이 없거나 건축물의 용도상 방습의 필요가 없는 경우에는 인접한 도로면보다 낮아도 된다.
㉡ 허가권자는 연면적이 1천㎡ 이상인 건축물로서 해당 지방자치단체의 조례로 정하는 건축물에 대하여는 착공신고를 하는 건축주(한국토지주택공사 또는 지방공사는 포함)에게 장기간 건축물의 공사현장이 방치되는 것에 대비하여 미리 미관 개선과 안전관리에 필요한 비용을 건축공사비의 1%의 범위에서 예치하게 할 수 있다.
㉢ 근린상업지역은 150제곱미터 미만에 못 미치게 분할할 수 없다.
㉣ 허가권자는 대형 건축물 또는 암반공사 등으로 인하여 공사기간이 긴 건축물에 대하여는 1년 이내에 임시사용승인의 기간을 연장할 수 있다.
㉤ 손궤의 우려가 있는 토지에 대지를 조성하면서 설치한 옹벽의 외벽면에는 옹벽의 지지 또는 배수를 위한 시설물이 밖으로 튀어 나오게 해서는 아니된다.

① 1개 ② 2개 ③ 3개
④ 4개 ⑤ 5개

40 건축법령상 대지조경에 관한 설명으로 옳은 것은 모두 몇 개인가?

> ㉠ 건축물의 옥상에 국토교통부장관이 고시하는 기준에 따라 조경이나 그 밖에 필요한 조치를 하는 경우에는 옥상부분 조경면적의 2분의 1에 해당하는 면적을 대지의 조경면적으로 산정할 수 있다.
> ㉡ 면적 3천제곱미터인 대지에 건축하는 공장에 대하여는 조경 등의 조치를 하지 아니할 수 있다.
> ㉢ 전용주거지역, 일반상업지역, 전용공업지역은 공개공지 또는 공개공간을 설치하여야 하는 대상지역이다.
> ㉣ 지구단위계획구역인 녹지지역에 건축하는 건축물은 조경 등의 조치를 하지 아니할 수 있다.
> ㉤ 도시·군계획시설에서 건축하는 연면적의 합계가 1천 500제곱미터 이상인 가설건축물에 대하여는 조경 등의 조치를 하여야 한다.

① 1개 ② 2개 ③ 3개
④ 4개 ⑤ 5개

41 건축법령상 공개공지에 관한 설명으로 옳은 것은 모두 몇 개인가?

> ㉠ 공개공지 등에는 연간 60일 이내의 기간 동안 건축 조례로 정하는 바에 따라 주민을 위한 문화행사를 열거나 판촉활동을 할 수 있다.
> ㉡ 공개공지 등의 면적은 대지면적의 100분의 10 이하의 범위에서 건축조례로 정한다.
> ㉢ 공개공지는 필로티의 구조로 설치할 수 없다.
> ㉣ 공개공지 등을 설치하는 경우 해당 지역에 적용되는 용적률의 1.2배 이하의 범위에서 용적률을 완화하여 적용할 수 있다.
> ㉤ 바닥면적의 합계가 5천 제곱미터 이상인 농수산물유통시설의 경우에는 공개공지를 설치하여야 한다.

① 1개 ② 2개 ③ 3개
④ 4개 ⑤ 5개

42 건축법령상 도로에 관한 설명으로 옳은 것은 모두 몇 개인가?

> ㉠ 허가권자는 지정한 도로를 폐지하거나 변경하려면 그 도로에 대한 이해관계인의 동의를 받고 건축위원회의 심의를 거쳐 도로를 지정할 수 있다.
> ㉡ 도로란 보행과 자동차 통행이 가능한 너비 4m 이상의 도로로서 「국토의 계획 및 이용에 관한 법률」 등의 관계 법령에 따라 신설 또는 변경에 관한 고시가 된 도로에 한한다.
> ㉢ 연면적의 합계가 2천m² 이상인 건축물(공장 제외)의 대지는 너비 6m 이상의 도로에 4m 이상 접하여야 한다.
> ㉣ 특별자치시장·특별자치도지사 또는 시장·군수·구청장이 지형적 조건으로 인하여 차량 통행을 위한 도로의 설치가 곤란하다고 인정하여 그 위치를 지정·공고하는 구간의 너비 3m 이상인 경우도 도로에 해당한다.
> ㉤ 건축물의 주변에 광장, 공원, 유원지, 그 밖에 관계 법령에 따라 건축이 금지되고 공중의 통행에 지장이 없는 공지로서 허가권자가 인정한 공지가 있는 경우는 2m 이상 접할 필요가 없다.

① 1개 ② 2개 ③ 3개
④ 4개 ⑤ 5개

43 건축법령상 건축선에 관한 설명으로 옳은 것은 모두 몇 개인가?

> ㉠ 지표 아래 부분을 포함한 건축물과 담장은 건축선의 수직면을 넘어서는 아니 된다.
> ㉡ 도로의 반대쪽에 경사지, 하천, 철도, 선로부지, 그 밖에 이와 유사한 것이 있는 경우에는 그 경사지 등이 있는 쪽의 도로중심선에서 소요 너비에 해당하는 수평거리의 선을 건축선으로 한다.
> ㉢ 도로면으로부터 높이 4m 이하에 있는 출입구, 창문, 그 밖에 이와 유사한 구조물은 열고 닫을 때 건축선의 수직면을 넘지 아니하는 구조로 하여야 한다.
> ㉣ 특별자치시장·특별자치도지사 또는 시장·군수·구청장은 시가지 안에서 건축물의 위치나 환경을 정비하기 위하여 필요하다고 인정하면 도시지역에서 4m 이하의 범위에서 건축선을 따로 지정할 수 있다.
> ㉤ 소요너비에 못 미치는 너비의 도로인 경우에는 그 중심선으로부터 그 소요너비의 2분의 1의 수평거리만큼 물러난 선을 건축선으로 한다.

① 1개 ② 2개 ③ 3개
④ 4개 ⑤ 5개

44 건축법령상 면적에 관한 설명으로 옳은 것은 모두 몇 개인가?

> ㉠ 건축면적은 건축물의 각층 또는 그 일부로서 벽·기둥 기타 이와 유사한 구획의 중심선으로 둘러싸인 부분의 수평투영면적으로 한다.
> ㉡ 연면적 산정시 지하층의 면적은 제외한다.
> ㉢ 지하층에 설치한 기계실, 전기실의 면적은 용적률을 산정할 때 연면적에 산입하지 않는다.
> ㉣ 건축물의 1층이 차량의 주차에 전용되는 필로티인 경우 그 면적은 바닥면적에 포함한다.
> ㉤ 승강기탑, 계단탑, 장식탑, 층고가 1.5m인 다락은 바닥면적에 산입하지 않는다.

① 1개　　② 2개　　③ 3개
④ 4개　　⑤ 5개

45 건축법령상 대지면적이 500m²인 대지에 건축되어 있고, 각 층의 바닥면적이 동일한 지하 1층·지상 5층(지상 1층 필로티구조)인 건축물로서 용적률이 200%라고 할 때, 이 건축물의 바닥면적은? (단, 제시된 조건 이외의 다른 조건이나 제한은 고려하지 아니함)

① 100m²
② 150m²
③ 200m²
④ 250m²
⑤ 300m²

46 건축법령상 대지 A의 건축선을 고려한 대지면적은? (다만, 도로는 보행과 자동차 통행이 가능한 통과도로로서 법률상 도로이며, 대지 A는 도시지역이 아니고 읍에 해당하는 곳이다)

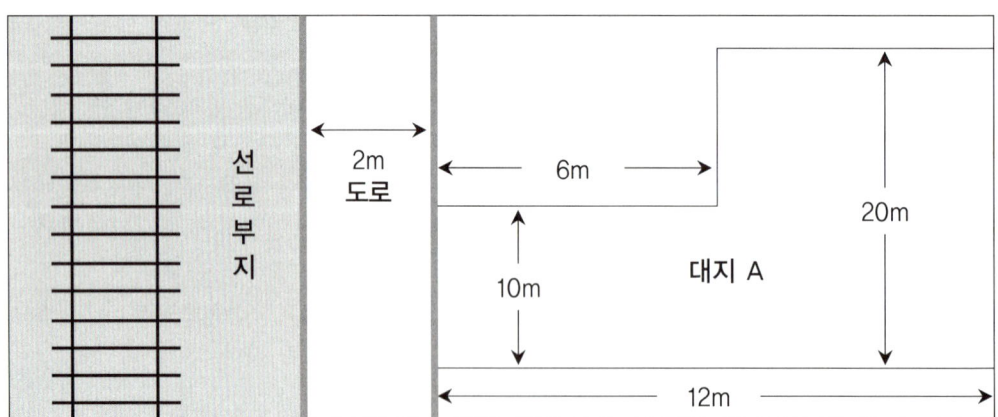

① 120m²
② 140m²
③ 160m²
④ 180m²
⑤ 200m²

47 건축법령상 높이에 관한 설명으로 옳은 것은 모두 몇 개인가?

> ㉠ 층의 구분이 명확하지 아니한 건축물은 높이 3m마다 하나의 층으로 본다.
> ㉡ 2층 이하로서 높이가 8m 이하인 건축물에는 해당 지방자치단체의 조례로 정하는 바에 따라 일조 등의 확보를 위한 건축물의 높이제한을 적용하지 아니할 수 있다.
> ㉢ 건축물이 부분에 따라 그 층수가 다른 경우에는 그중 가장 많은 층수를 그 건축물의 층수로 본다.
> ㉣ 허가권자는 같은 가로구역에서 건축물의 용도 및 형태에 따라 건축물의 높이를 다르게 정할 수 있다.
> ㉤ 일반상업지역에 건축하는 공동주택으로서 하나의 대지에 두 동(棟) 이상을 건축하는 경우에는 채광 등의 확보를 위한 높이제한이 적용된다.

① 1개　　　② 2개　　　③ 3개
④ 4개　　　⑤ 5개

48 건축법령상 다음 설명 중 틀린 것은 모두 몇 개인가?

> ㉠ 초고층 건축물에는 피난층 또는 지상으로 통하는 직통계단과 직접 연결되는 피난안전구역(건축물 중간층에 설치하는 대피공간을 말함)을 지상층으로부터 최대 30개 층마다 1개소 이상 설치하여야 한다.
> ㉡ 도시·군계획시설 및 도시·군계획시설예정지에서 가설건축물을 건축하려는 자는 특별자치시장·특별자치도지사 또는 시장·군수·구청장의 허가를 받아야 한다.
> ㉢ 「개발제한구역의 지정 및 관리에 관한 특별조치법」에 따른 개발제한구역에 대하여는 특별건축구역으로 지정할 수 없다.
> ㉣ 국토교통부장관 또는 시·도지사는 특별건축구역 지정일부터 3년 이내에 특별건축구역 지정목적에 부합하는 건축물의 착공이 이루어지지 아니하는 경우에는 특별건축구역의 전부 또는 일부에 대하여 지정을 해제할 수 있다.
> ㉤ 동이나 읍(섬의 경우에는 인구가 500명 미만인 경우만 해당)인 지역은 「건축법」의 규정 중 건축선 지정을 완화 적용한다.

① 1개　　　② 2개　　　③ 3개
④ 4개　　　⑤ 5개

49 건축법령상 다음 설명 중 옳은 것은 모두 몇 개인가?

> ⊙ 자연환경이나 수질을 보호하기 위하여 도지사가 지정·공고한 구역에 건축하는 2층 이상 또는 연면적의 합계가 1천㎡ 이상인 위락시설은 도지사 사전승인이 필요하다.
> ⓒ 신고하여야 하는 가설건축물의 존치기간은 2년 이내로 한다. 다만, 공사용가설건축물 및 공작물의 경우에는 해당 공사의 완료일까지의 기간을 말한다.
> ⓒ 조정 및 재정을 하기 위하여 국토교통부에 건축분쟁전문위원회를 둔다.
> ② 바닥면적은 벽·기둥의 구획이 없는 건축물은 그 지붕 끝부분으로부터 수평거리 1.5m를 후퇴한 선으로 둘러싸인 수평투영면적으로 한다.
> ⑩ 토지 또는 건축물의 소유자, 지상권자 등은 과반수로 지역 또는 구역에서 건축물의 건축·대수선 또는 리모델링에 관한 협정을 체결할 수 있다.

① 1개 ② 2개 ③ 3개
④ 4개 ⑤ 5개

50 건축법령상 다음 설명 중 옳은 것은 모두 몇 개인가?

> ⊙ 건축허가를 받은 건축주는 동의하지 아니한 공유자에게 그 공유지분을 공시지가로 매도할 것을 청구할 수 있다.
> ⓒ 허가권자는 시정명령을 받은 자가 이를 이행하면 새로운 이행강제금의 부과나 이미 부과된 이행강제금은 징수하여야 한다.
> ⓒ 옥상광장 또는 2층 이상인 층에 있는 노대나 그 밖에 이와 비슷한 것의 주위에는 높이 1.2m 이상의 난간을 설치하여야 한다.
> ② 건축주는 사용승인을 받은 후가 아니면 건축물을 사용하거나 사용하게 할 수 없다. 다만, 허가권자가 7일 이내에 사용승인서를 교부하지 아니한 경우에는 그러하지 아니하다.
> ⑩ 협정체결자 또는 건축협정운영회의 대표자는 건축협정을 폐지하려는 경우에는 협정체결자 전원의 동의를 받아 건축협정인가권자의 인가를 받아야 한다.

① 1개 ② 2개 ③ 3개
④ 4개 ⑤ 5개

51 주택법령상 용어정의에 관한 설명으로 옳은 것은 모두 몇 개인가?

> ㉠ 단독주택은 1세대가 하나의 건축물 안에서 독립된 주거생활을 할 수 있는 구조로 된 주택을 말하며, 그 종류에는 단독주택, 다중주택, 다가구주택이 있다.
> ㉡ 주택이란 세대의 구성원이 장기간 독립된 주거생활을 할 수 있는 구조로 된 부속토지를 제외한 건축물의 전부 또는 일부를 말한다.
> ㉢ 어린이놀이터, 자전거보관소, 유치원, 조경시설, 주민운동시설은 복리시설에 해당한다.
> ㉣ 준주택이란 주택 외의 건축물과 그 부속토지로서 주거시설로 이용 가능한 시설 등으로서 오피스텔, 기숙사, 다중생활시설, 노유자시설을 말한다.
> ㉤ 사업주체가 단독주택의 경우에는 100호, 공동주택의 경우에는 100세대(리모델링의 경우에는 늘어나는 세대수 기준) 이상의 주택건설사업을 시행하는 경우 또는 16,500m² 이상의 대지조성사업을 시행하는 경우 국가는 우체통인 간선시설을 설치하여야 한다.

① 1개　　② 2개　　③ 3개
④ 4개　　⑤ 5개

52 주택법령상 허가받아 건축하는 세대구분형 공동주택에 관한 설명으로 옳은 것은 모두 몇 개인가?

> ㉠ 세대구분형 공동주택은 세대별로 구분된 각각의 공간마다 별도의 욕실, 부엌과 현관을 설치한다.
> ㉡ 구분된 공간의 세대수는 기존 세대를 제외하고 2세대 이하이어야 한다.
> ㉢ 세대구분형 공동주택의 세대수가 해당주택단지 안의 공동주택 전체 세대수의 3분의 1을 넘으면 안 되며, 구분소유가 가능하다.
> ㉣ 하나의 세대가 통합하여 사용할 수 있도록 세대 간에 연결문 또는 경량구조의 경계벽 등을 설치한다.
> ㉤ 구조, 화재, 소방 및 피난안전 등 관계 법령에서 정하는 안전 기준을 충족하여야 한다.

① 1개　　② 2개　　③ 3개
④ 4개　　⑤ 5개

53 주택법령상 도시형 생활주택에 관한 설명으로 옳은 것은 모두 몇 개인가?

> ㉠ 아파트형주택, 단지형 연립주택, 단지형 다세대주택으로 도시지역에 건설하는 최대 300세대까지 도시형 생활주택이라 한다.
> ㉡ 단지형 다세대주택은 건축위원회의 심의를 받은 경우에는 주택으로 쓰는 층수를 최대 4개 층까지 건축할 수 있다.
> ㉢ 아파형주택과 단지형다세대주택을 함께 건축할 수 있다.
> ㉣ 아파트형주택은 세대별 주거전용면적이 $185m^2$ 이하이어야 한다.
> ㉤ 아파트형주택과 주거전용면적이 $85m^2$ 초과하는 주택 1세대를 함께 건축할 수 있다.

① 1개   ② 2개   ③ 3개
④ 4개   ⑤ 5개

54 주택법령상 등록사업자에 관한 설명으로 옳은 것은 모두 몇 개인가?

> ㉠ 한국토지주택공사인 사업주체가 연간 20세대 이상 공동주택의 건설사업을 시행하려는 경우에는 국토교통부장관에게 등록하여야 한다.
> ㉡ 연간 단독주택 20호, 공동주택 20세대[(주거전용 면적이 $85m^2$ 초과하는 주택 1세대를 함께 건축하는 경우 포함)은 30세대] 이상의 주택건설사업을 시행하려는 자는 시·도지사에게 등록하여야 한다.
> ㉢ 등록이 말소된 후 3년이 지나지 아니한 자는 등록할 수 없다.
> ㉣ 고용자가 그 근로자의 주택을 건설하는 경우에는 등록사업자와 공동으로 사업을 시행하여야 한다.
> ㉤ 거짓이나 그 밖의 부정한 방법으로 등록한 경우에는 그 등록을 말소하여야 한다.

① 1개   ② 2개   ③ 3개
④ 4개   ⑤ 5개

55 주택법령상 주택조합에 관한 설명으로 옳은 것은 모두 몇 개인가?

> ㉠ 조합원이 무자격자로 판명되어 자격을 상실하는 경우 조합원수가 주택건설예정세대수의 2분의 1 미만이 되는 경우에는 조합원을 충원할 수 있다.
> ㉡ 주택조합(리모델링주택조합은 제외)은 주택건설 예정 세대수의 50% 이상의 조합원으로 구성하되, 조합원은 20명 이상이어야 한다.
> ㉢ 조합원을 모집하려는 자는 해당 주택건설대지의 50% 이상에 해당하는 토지의 사용권원을 확보하여 관할 시장·군수·구청장에게 신고하고, 공개모집의 방법으로 조합원을 모집하여야 한다.
> ㉣ 탈퇴한 조합원(제명된 조합원을 제외)은 조합규약으로 정하는 바에 따라 부담한 비용의 환급을 청구할 수 있다.
> ㉤ 조합원으로 추가모집되거나 충원되는 자가 조합원 자격 요건을 갖추었는지를 판단할 때에는 해당 사업계획승인신청일을 기준으로 한다.

① 1개　　② 2개　　③ 3개
④ 4개　　⑤ 5개

56 주택법령상 주택상환사채에 관한 설명으로 옳은 것은 모두 몇 개인가?

> ㉠ 지방공사가 발행하는 경우에는 금융기관 등에 보증을 받지 아니하고 발행할 수 있다.
> ㉡ 주택상환사채는 기명증권으로 하되 액면 또는 할인의 방법으로 발행한다.
> ㉢ 주택상환사채를 발행하려는 자는 주택상환사채발행계획을 수립하여 국토교통부장관의 승인을 받아야 한다.
> ㉣ 주택상환사채는 취득자의 성명을 채권에 기록하지 아니하면 사채발행자 및 제3자에게 대항할 수 없다.
> ㉤ 등록사업자의 등록이 말소된 경우에도 등록사업자가 발행한 주택상환사채의 효력에 영향을 미친다.

① 1개　　② 2개　　③ 3개
④ 4개　　⑤ 5개

57 주택법령상 사업계획승인에 관한 설명으로 옳은 것은 모두 몇 개인가?

> ㉠ 한국토지주택공사가 주택건설사업을 시행하는 경우에는 국토교통부장관에게 사용검사를 받아야 한다.
> ㉡ 주거전용 단독주택인 건축법령상의 한옥 30호 이상의 건설사업을 시행하려는 자는 사업계획승인을 받아야 한다.
> ㉢ 사업계획승인권자는 감리자가 업무수행 중 위반 사항이 있음을 알고도 묵인한 경우 그 감리자에 대하여 1년의 범위에서 감리업무의 지정을 제한할 수 있다.
> ㉣ 사업계획승인권자는 사업주체가 승인받은 날부터 5년 이내 공사를 시작하지 아니한 경우 그 사업계획의 승인을 취소하여야 한다.
> ㉤ 임시사용승인의 대상이 공동주택인 경우에는 동별로 임시사용승인을 할 수 있다.

① 1개 ② 2개 ③ 3개
④ 4개 ⑤ 5개

58 주택법령상 공급에 관한 설명으로 옳은 것은 모두 몇 개인가?

> ㉠ 분양가상한제 적용지역은 시·도지사가 지정할 수 있다.
> ㉡ 입주자저축증서의 매매 알선행위는 주택공급질서 교란금지행위에 해당하지 않는다.
> ㉢ 도시형 생활주택도 분양가격의 제한을 적용받는다.
> ㉣ 국토교통부장관 또는 사업주체는 위법하게 증서 또는 지위를 양도하거나 양수한 자에 대하여는 그 주택 공급을 신청할 수 있는 지위를 무효로 하거나, 이미 체결된 주택의 공급계약을 취소할 수 있다.
> ㉤ 관광진흥법에 따라 지정된 관광특구에서 건설·공급하는 층수가 50층이고 높이가 140m인 아파트는 분양가상한제를 적용하지 아니한다.

① 1개 ② 2개 ③ 3개
④ 4개 ⑤ 5개

59 주택법령상 저당권 등 설정제한에 관한 설명으로 옳은 것은 모두 몇 개인가?

㉠ 사업주체는 주택건설사업에 의하여 건설된 주택 및 대지에 대하여는 입주자 모집 공고 승인 신청일 이후부터 입주예정자가 그 주택 및 대지의 소유권이전등기를 신청할 수 있는 날 이후 60일까지의 기간 동안 입주예정자의 동의 없이 해당 주택 및 대지에 저당권 또는 가등기담보권 등 담보물권을 설정하는 행위를 하여서는 아니된다.
㉡ 부기등기는 주택건설대지에 대하여는 입주자 모집공고 승인신청과 동시에, 건설된 주택에 대하여는 소유권보존등기와 동시에 하여야 한다.
㉢ 사업주체가 한국토지주택공사인 경우에는 제한물권을 설정하거나 압류·가압류·가처분 등의 목적물이 될 수 없는 재산임을 소유권등기에 부기등기 하여야 한다.
㉣ 부기등기일 이후에 해당 대지 또는 주택을 양수하거나 제한물권을 설정 받은 경우 또는 압류·가압류·가처분 등의 목적물로 한 경우에는 그 효력을 취소할 수 있다.
㉤ 위반한 경우 벌칙은 2년 이하의 징역 또는 2천만원 이하의 벌금에 처한다.

① 1개 ② 2개 ③ 3개
④ 4개 ⑤ 5개

60 주택법령상 투기과열지구 및 조정대상지역에 관한 설명으로 옳은 것은 모두 몇 개인가?

㉠ 사업주체가 투기과열지구에서 건설·공급하는 주택의 입주자로 선정된 지위는 매매하거나 상속할 수 없다.
㉡ 국토교통부장관은 반기마다 중앙도시계획위원회의 회의를 소집하여 투기과열지구로 지정된 지역별로 투기과열지구 지정의 유지 여부를 재검토하여야 한다.
㉢ 주택공급이 있었던 직전 2개월간 해당 지역에서 공급되는 주택의 청약경쟁률이 5대 1을 초과하였거나 국민주택규모 이하 주택의 청약경쟁률이 10대 1을 초과한 곳은 투기과열지구와 조정대상지역의 공통적 지정기준이 된다.
㉣ 시·도지사는 주택의 분양·매매 등 거래가 위축될 우려가 있는 지역을 주거정책심의위원회의 심의를 거쳐 조정대상지역으로 지정할 수 있다.
㉤ 조정대상지역으로 지정된 지역의 시장·군수·구청장은 조정대상지역으로 유지할 필요가 없다고 판단되는 경우에는 시·도지사에게 그 지정의 해제를 요청할 수 있다.

① 1개 ② 2개 ③ 3개
④ 4개 ⑤ 5개

61 주택법령상 주택의 전매행위제한을 받는 주택임에도 불구하고 전매가 허용되는 경우에 해당하는 것은? (단, 전매에 필요한 다른 요건은 충족한 것으로 함)

① 상속에 따라 취득한 주택으로 세대원 전부 또는 일부가 이전하는 경우
② 세대원이 근무 또는 생업상의 사정이나 질병치료·취학·결혼으로 인하여 세대원 전원이 수도권에서 수도권으로 이전하는 경우
③ 세대원 전원 또는 일부가 해외로 이주하거나 5년의 기간 동안 해외에 체류하려는 경우
④ 입주자로 선정된 지위 또는 주택의 전부를 배우자에게 증여하는 경우
⑤ 이혼으로 인하여 입주자로 선정된 지위 또는 주택을 배우자에게 이전하는 경우

62 주택법령상 리모델링에 관한 설명으로 옳은 것은 모두 몇 개인가?

> ㉠ 대수선형 리모델링을 하려는 자는 국토교통부장관에게 안전진단을 요청하여야 하고, 안전진단을 요청받은 국토교통부장관은 해당 건축물의 대수선 가능 여부의 확인을 위하여 안전진단을 실시하여야 한다.
> ㉡ 기존 14층 건축물에 수직증축형 리모델링이 허용되는 경우 2개 층까지 증축할 수 있다.
> ㉢ 수직증축형 리모델링의 경우 리모델링주택조합의 설립인가신청서에 당해 주택이 사용검사를 받은 후 10년 이상의 기간이 경과하였음을 증명하는 서류를 첨부하여야 한다.
> ㉣ 시장·군수·구청장은 전문기관의 안전성 검토비용의 전부 또는 일부를 리모델링을 하려는 자에게 부담하게 할 수 있다.
> ㉤ 입주자·사용자 또는 관리주체가 공동주택을 리모델링하려고 하는 경우에는 시·도지사의 허가를 받아야 한다.

① 1개　　② 2개　　③ 3개
④ 4개　　⑤ 5개

63 주택법령상 다음 설명 중 틀린 것은?

① 리모델링의 허가를 신청하기 위한 동의율을 확보한 경우 리모델링 결의를 한 리모델링주택조합은 리모델링 결의에 찬성하지 아니하는 자의 주택 및 토지에 대하여는 매도청구를 할 수 있다.
② 한국토지주택공사가 총지분의 70% 출자한 부동산투자회사가 사업주체로서 입주자를 모집하려는 경우에는 시장·군수·구청장의 승인을 받을 필요가 없다.
③ 주택상환사채는 기명증권으로 하고, 채권자의 명의변경은 취득자의 성명과 주소를 사채원부에 기재하는 방법으로 한다.
④ 주택단지의 전체 세대수가 600세대인 주택건설사업을 시행하려는 자는 주택단지를 공구별로 분할하여 주택을 건설·공급할 수 있다.
⑤ 세대수를 증가하는 리모델링주택조합이 그 구성원의 주택을 건설하는 경우에는 등록사업자와 공동으로 사업을 시행할 수 없다.

64 주택법령상 다음 설명 중 옳은 것은?

① 주택을 마련하기 위하여 지역·직장주택조합의 설립 인가를 받으려는 자는 해당 주택건설대지의 80% 이상에 해당하는 토지의 사용권원 및 주택건설대지의 10% 이상에 해당하는 토지의 소유권을 확보하여야 한다.
② 국민주택을 공급받기 위하여 직장주택조합을 설립하려는 자는 관할 시장·군수·구청장에게 인가를 받아야 한다.
③ 주택건설대지면적 중 100분의 95 이상에 대해 사용권원을 확보한 경우에는 사용권원을 확보하지 못한 대지의 모든 소유자에게 공시지가로 매도청구할 수 있다.
④ 미성년자·피성년후견인 또는 피한정후견인의 선고가 취소된 자는 기간에 상관없이 주택건설사업의 등록을 할 수 있다.
⑤ 지방공사가 복리시설의 입주자를 모집하려는 경우 시장·군수·구청장에게 신고를 하여야 한다.

65 주택법령상 다음 설명 중 틀린 것은?

① 국민주택규모란 「수도권정비계획법」에 따른 수도권을 제외한 도시지역이 아닌 읍 또는 면 지역은 1호 또는 1세대당 주거전용면적이 $100m^2$ 이하인 주택을 말한다.

② 사업주체가 주택건설대지면적 중 100분의 95에 대하여 사용권원을 확보한 경우, 사용권원을 확보하지 못한 대지의 모든 소유자에게 매도청구를 할 수 있다.

③ 철도·고속도로·자동차전용도로, 폭 20m 이상인 일반도로, 폭 8m 이상인 도시계획예정도로시설로 분리된 토지는 각각 별개의 주택단지로 본다.

④ 주택조합에서 지위가 상실된 발기인 또는 퇴직된 임원이 지위 상실이나 퇴직 전에 관여한 행위는 그 효력을 상실하지 아니한다.

⑤ 한국토지주택공사가 견본주택을 건설하는 경우에는 견본주택에 사용되는 마감자재 목록표와 견본주택의 각 실의 내부를 촬영한 영상물을 시장·군수·구청장에게 제출할 의무가 없다.

66 주택법령상 다음 설명 중 옳은 것은?

① 주택상환사채의 발행에 관하여 「상법」에서 규정한 것 외에는 「주택법」 중 사채발행에 관한 규정을 적용한다.

② 주택조합은 설립인가를 받은 날부터 3년 이내에 사업계획승인(사업계획승인 대상이 아닌 리모델링인 경우에는 허가)을 신청하여야 한다.

③ 주택조합은 설립인가를 받은 날부터 5년이 되는 날까지 사업계획승인을 받지 못하는 경우 대통령령으로 정하는 바에 따라 총회의 의결을 거쳐 해산 여부를 결정하여야 한다.

④ 임대주택을 건설하는 경우 등 국토교통부령으로 정하는 경우에는 조성원가를 기준으로 할 수 있다.

⑤ 간선시설의 설치비용은 설치의무자가 부담한다. 이 경우 도로 및 상하수도시설의 설치비용은 그 비용은 국가가 보조할 수 없다.

67 주택법령상 다음 설명 중 틀린 것은?

① 복리시설의 소유권이 여러 명의 공유에 속할 때에는 한 명을 조합원으로 본다.
② 도시형 생활주택 중 단지형 다세대주택과 아파트형주택은 함께 건축할 수 없다.
③ 체비지의 양도가격은 「감정평가 및 감정평가사에 관한 법률」에 따른 감정평가법인 등이 감정평가한 감정가격을 기준으로 한다.
④ 도로·상하수도·전기시설·가스시설·통신시설 및 지역난방시설은 기간시설에 해당한다.
⑤ 시장·군수·구청장은 마감자재 목록표와 영상물 등을 사용검사가 있은 날 부터 1년 이상 보관하여야 하며, 입주자가 열람을 요구하는 경우에는 이를 공개하여야 한다.

68 주택법령상 다음 설명 중 옳은 것은?

① 국가 또는 지방자치단체는 국·공유지를 매수하거나 임차한 자가 2년 이내에 국민주택규모의 주택 또는 조합주택을 건설하지 아니하거나 그 주택을 건설하기 위한 대지조성사업을 시행하지 아니한 경우에는 환매하거나 임대계약을 취소하여야 한다.
② 토지임대부 분양주택의 토지에 대한 임대차기간은 50년 이내로 한다. 이 경우 토지임대부 분양주택 소유자의 75퍼센트 이상이 계약갱신을 청구하는 경우 50년의 범위에서 이를 갱신할 수 있다.
③ 사업계획승인권자는 사업계획승인의 신청을 받았을 때에는 정당한 사유가 없으면 30일 이내에 사업주체에게 승인 여부를 통보하여야 한다.
④ 국토교통부장관 또는 지방자치단체의 장은 주택건설사업 등의 등록말소, 주택조합의 설립인가취소, 사업계획승인의 취소, 행위허가의 취소처분을 하려면 청문을 하여야 한다.
⑤ 주택조합으로 인가를 받으려는 경우 주택단지 전체를 리모델링하려면 주택단지 전체의 구분소유자 및 의결권의 각 75% 이상의 동의와 각 동별의 구분소유자 및 의결권의 각 50% 이상의 동의가 필요하다.

69 농지법령상 농지소유에 관한 설명으로 옳은 것은 모두 몇 개인가?

> ㉠ 「초지법」에 따라 조성된 초지는 농지에 해당한다.
> ㉡ 농업경영을 통한 농산물의 연간 판매액이 120만원인 자는 농업에 종사하는 개인으로서 농업인에 해당한다.
> ㉢ 대가축 2두, 중가축 10두, 소가축 100두, 가금 1천수 또는 꿀벌 10군 이상을 사육한 자는 농업에 종사하는 개인으로서 농업인에 해당한다.
> ㉣ 8년 이상 농업경영을 한 후 이농한 자는 이농 당시 소유농지 중에서 총 1만㎡까지만 소유할 수 있다.
> ㉤ 농지전용허가를 받은 자가 농지를 취득하는 경우에는 농지취득자격증명을 발급받을 필요는 없다.

① 1개   ② 2개   ③ 3개
④ 4개   ⑤ 5개

70 농지법령상 농지취득자격증명에 관한 설명으로 옳은 것은 모두 몇 개인가?

> ㉠ 주말·체험영농을 하려는 자란 개인이 아닌 농업인의 소유로 주말 등을 이용하여 취미생활이나 여가활동으로 농작물을 경작하거나 다년생식물을 재배하는 것을 말한다.
> ㉡ 주말·체험영농을 하려고 농업진흥지역 외의 농지를 소유하는 경우에는 항상 주말·체험영농계획서는 면제되지만 농지취득자격증명은 발급받아야 된다.
> ㉢ 증여를 원인으로 농지를 취득하려는 자는 농지 소재지를 관할하는 시장·구청장·읍장 또는 면장에게서 농지취득자격증명을 발급받아야 한다.
> ㉣ 농지법에서 허용된 경우 외에는 농지 소유에 관한 특례를 정할 수 있다.
> ㉤ 농업경영계획서를 작성하여 농지취득자격증명의 발급신청을 받은 때에는 시·구·읍·면장이 그 신청을 받은 날부터 7일 이내에 신청인에게 농지취득자격증명을 발급하여야 한다.

① 1개   ② 2개   ③ 3개
④ 4개   ⑤ 5개

71 농지법령상 대리경작에 관한 설명으로 옳은 것은 모두 몇 개인가?

㉠ 대리경작자의 지정예고에 대하여 이의가 있는 농지의 소유권 또는 임차권을 가진 자는 지정예고를 받은 날부터 10일 이내에 시장·군수 또는 구청장에게 이의를 신청할 수 있다.
㉡ 유휴농지의 대리경작자는 수확량의 100분의 20을 수확 후 2개월 이내 그 농지의 소유권자나 임차권자에게 토지사용료로 지급하여야 한다.
㉢ 대리경작기간은 따로 정하지 아니하면 3년으로 한다.
㉣ 시장·군수 또는 구청장은 지력의 증진이나 토양의 개량·보전을 위하여 필요한 기간 동안 휴경하는 농지에 대하여 그 농지의 소유권자나 임차권자를 대신하여 농작물을 경작할 자를 직권으로 지정할 수 있다.
㉤ 대리경작 농지의 소유권자 또는 임차권자가 그 농지를 스스로 경작하려면 대리경작 기간이 끝나기 3개월 전까지, 그 대리경작기간이 끝난 후에는 대리경작자 지정을 중지할 것을 시장·군수 또는 구청장에게 신청하여야 한다.

① 1개　　② 2개　　③ 3개
④ 4개　　⑤ 5개

72 농지법령상 농지의 임대차에 관한 설명으로 옳은 것은 모두 몇 개인가? (단, 농업경영을 하려는 자에게 임대하는 경우이며, 국유농지와 공유농지가 아님을 전제로 한다)

㉠ 임대차 기간은 2년 이상(이모작을 위하여 8개월 이내로 임대하거나 무상사용하게 하는 경우는 제외)으로 하여야 한다.
㉡ 다년생식물 재배지 등 대통령령으로 정하는 농지의 경우에는 임대차 기간을 5년 이상으로 하여야 한다.
㉢ 임대 농지의 양수인은 농지법에 따른 임대인의 지위를 승계한 것으로 보지 않는다.
㉣ 임대차계약은 그 등기가 없는 경우에도 임차인이 농지소재지를 관할하는 시·군·구의 장의 확인을 받고, 해당 농지를 인도받은 경우에는 그 다음 날부터 제3자에 대하여 효력이 생긴다.
㉤ 임대차계약은 서면계약을 원칙으로 한다.

① 1개　　② 2개　　③ 3개
④ 4개　　⑤ 5개

73 농지법령상 농업진흥지역에 관한 설명으로 옳은 것은 모두 몇 개인가?

> ㉠ 농업진흥지역 지정은 녹지지역·관리지역·농림지역 및 자연환경보전지역을 대상으로 하지만 특별시와 광역시의 녹지지역은 제외한다.
> ㉡ 농업진흥지역의 농지를 소유하고 있는 농업인 또는 농업법인은 한국농어촌공사에 그 농지의 매수를 청구할 수 있다.
> ㉢ 농업보호구역 안에서는 농어촌정비법에 따른 주말농원사업으로 설치하는 시설로서 그 부지가 3천m^2 미만인 것에 한하여 적용된다.
> ㉣ 농지조성사업 또는 농업기반정비사업이 시행되었거나 시행 중인 지역으로서 농업용으로 이용하고 있거나 이용할 토지가 집단화되어 있는 지역을 농업보호구역이라고 한다.
> ㉤ 농업진흥지역은 농림축산식품부장관이 지정한다.

① 1개　　　　② 2개　　　　③ 3개
④ 4개　　　　⑤ 5개

74 농지법령상 농지전용에 관한 설명으로 옳은 것은 모두 몇 개인가?

> ㉠ 농지를 전용하려는 자는 농림축산식품부장관의 허가를 받아야 한다.
> ㉡ 농지를 농·축산업용시설의 부지로 전용하려는 자는 시장·군수 또는 자치구구청장에게 신고하여야 한다.
> ㉢ 농지전용허가를 받는 자는 농지의 보전·관리 및 조성을 위한 부담금을 농지관리기금을 운용·관리하는 자에게 내야 한다.
> ㉣ 농업진흥지역 안의 3천m^2 이상 3만m^2 미만의 농지의 전용은 농림축산식품부장관이 시·도지사에게 전용허가를 위임한다.
> ㉤ 농지의 타용도 일시사용허가를 받는 자는 농지보전부담금을 납입하여야 한다.

① 1개　　　　② 2개　　　　③ 3개
④ 4개　　　　⑤ 5개

75 농지법령상 다음 설명 중 틀린 것은?

① 농지의 소유자는 농지처분명령을 받으면 한국농어촌공사에 그 농지의 매수를 청구할 수 있으며, 매수청구를 받으면 공시지가를 기준으로 해당 농지를 매수할 수 있다.
② 한국농어촌공사에 위탁하여 농지를 임대하거나 무상사용하게 하는 경우에는 소유상한을 초과할지라도 그 기간에는 그 농지를 계속 소유할 수 있다.
③ 농업법인이 청산 중인 경우에는 위탁경영을 할 수 있다.
④ 임대인은 질병, 징집 등 불가피한 사유가 있는 경우에는 임대차 기간을 3년 미만으로 정할 수 있다.
⑤ 농지전용허가를 받은 자가 조업의 중지명령을 위반한 경우에는 그 허가를 취소할 수 있다.

76 농지법령상 다음 설명 중 틀린 것은?

① 한국농어촌공사는 매수청구를 받으면 감정평가법인 등이 평가한 금액을 기준으로 해당 농지를 매수할 수 있다.
② 시장·군수 또는 구청장은 유휴농지를 경작하려는 자의 신청을 받아 대리경작자를 지정할 수 있다.
③ 시·구·읍·면의 장은 제출되는 농업경영계획서를 10년간 보존하여야 한다.
④ 주말·체험영농을 하려는 사람은 총 1천 제곱미터 미만의 농지를 소유할 수 있으며, 면적 계산은 그 세대원 전부가 소유하는 총면적으로 한다.
⑤ 시장·군수·구청장은 처분명령을 받은 후 정당한 사유 없이 지정기간 까지 그 처분명령을 이행하지 아니한 자에게 해당농지의 토지가액의 100분의 20에 해당하는 이행강제금을 부과한다.

77 도시개발법령상 도시개발구역을 지정한 후에 개발계획을 수립할 수 있는 경우가 <u>아닌</u> 것은?

① 국토교통부장관이 지역균형발전을 위하여 관계 중앙행정기관의 장과 협의하여 농림지역에 도시개발구역을 지정하려는 지역
② 보전관리지역에 도시개발구역을 지정하려는 지역
③ 자연녹지지역에 도시개발구역을 지정하려는 지역
④ 도시개발구역 지정면적의 100분의 40 이하인 생산녹지지역에 도시개발구역을 지정하려는 지역
⑤ 개발계획을 공모할 때

78 도시개발법령상 도시개발구역의 지정에 관한 설명으로 옳은 것은 모두 몇 개인가?

㉠ 시행자가 도시개발사업에 관한 실시계획의 인가를 받은 후 1년 이내에 사업을 착수하지 아니한 경우에는 시행자를 변경할 수 있다.
㉡ 지정권자는 100만m² 이상의 도시개발구역을 지정하려면 국토교통부장관과 협의하여야 한다.
㉢ 도시개발구역을 둘 이상의 사업시행지구로 분할하는 경우 분할 후 각 사업시행지구의 면적이 각각 3만m² 이상이어야 한다.
㉣ 한국수자원공사의 장이 30만 제곱미터 규모로 국가계획과 밀접한 관련이 있는 도시개발구역의 지정을 제안하는 경우에는 국토교통부장관이 도시개발구역을 지정할 수 있다.
㉤ 시장(대도시 시장은 제외한다)·군수 또는 구청장은 시·군·구 도시계획위원회의 자문을 한 후 시·도지사에게 도시개발구역의 지정을 요청할 수 있다.

① 1개 ② 2개 ③ 3개
④ 4개 ⑤ 5개

79 도시개발법령상 특별시장·광역시장·특별자치도지사·시장 또는 군수의 허가대상에 해당하는 경우는 모두 몇 개인가?

㉠ 도시개발구역에 남겨두기로 결정된 대지에서 물건을 쌓아놓는 행위
㉡ 관상용 죽목의 경작지에서의 임시식재
㉢ 경작을 위한 토지의 형질변경
㉣ 재해 복구 또는 재난 수습에 필요한 응급조치
㉤ 도시개발구역의 개발에 지장을 주지 아니하고 자연경관을 훼손하지 아니하는 범위에서의 토석채취

① 1개 ② 2개 ③ 3개
④ 4개 ⑤ 5개

80 도시개발법령상 도시개발구역의 개발구역지정 해제의제에 관한 설명으로 옳은 것은 모두 몇 개인가?

> ㉠ 도시개발구역이 지정·고시된 날부터 3년이 되는 날까지 개발계획을 수립·고시하지 아니하는 경우에는 그 3년이 되는 날의 다음 날에 해제된 것으로 본다.
> ㉡ 개발계획을 수립·고시한 날부터 3년이 되는 날까지 실시계획 인가를 신청하지 아니하는 경우에는 그 3년이 되는 날에 해제된 것으로 본다.
> ㉢ 330만m² 이상인 경우 도시개발구역이 지정·고시된 날부터 3년이 되는 날까지 실시계획의 인가를 신청하지 아니하는 경우에는 그 3년이 되는 날의 다음 날에 해제된 것으로 본다.
> ㉣ 도시개발사업의 공사완료의 공고일 다음 날에 해제된 것으로 본다.
> ㉤ 도시개발사업의 공사완료로 도시개발구역의 지정이 해제의제된 경우에는 도시개발구역의 용도지역은 해당 도시개발구역 지정 전의 용도지역으로 환원된 것으로 보지 아니한다.

① 1개 ② 2개 ③ 3개
④ 4개 ⑤ 5개

81 도시개발법령상 시행자 변경사유에 해당하지 않는 것은?
① 행정처분으로 실시계획의 인가가 취소된 경우
② 시행자의 파산사유로 인해 도시개발사업의 목적을 달성하기 어렵다고 인정되는 경우
③ 행정처분으로 시행자의 지정이 취소된 경우
④ 실시계획의 인가를 받은 후 2년 이내에 사업을 착수하지 아니하는 경우
⑤ 환지방식으로 사업을 시행하는 경우에 시행자로 지정된 토지소유자가 도시개발구역의 지정 고시일로부터 1년 이내(연장이 불가피한 경우 1년의 범위에서 연장)에 도시개발사업에 관한 실시계획의 인가를 신청하지 아니하는 경우

82 도시개발법령상 도시개발조합에 관한 설명으로 옳은 것은 모두 몇 개인가?

㉠ 조합의 조합원은 도시개발구역 안의 토지소유자로 하며 조합원은 보유토지의 면적에 비례하여 의결권을 갖는다.
㉡ 조합장 자기를 위한 조합과의 계약에 관하여는 감사가 조합을 대표한다.
㉢ 의결권을 가진 조합원의 수가 100명인 조합은 총회의 권한을 대행하게 하기 위하여 대의원회를 둘 수 있다.
㉣ 조합설립의 인가를 신청하고자 하는 때에는 당해 도시개발구역 안의 토지면적의 3분의 2 이상에 해당하는 토지소유자 또는 그 구역 안의 토지소유자 총수의 2분의 1 이상의 동의를 얻어야 한다.
㉤ 파산선고를 받은 자로서 복권되지 아니한 자는 조합원뿐만 아니라 조합임원도 될 수 없다.

① 1개 ② 2개 ③ 3개
④ 4개 ⑤ 5개

83 도시개발법령상 도시개발조합에서 대의원회에서 총회 권한 대행이 가능한 경우는?
① 조합의 합병
② 실시계획의 수립・변경
③ 정관변경
④ 감사의 선임
⑤ 환지계획의 작성

84 도시개발법령상 수용・사용방식에 관한 설명으로 옳은 것은 모두 몇 개인가?

㉠ 시행자는 도시개발사업에 필요한 토지 등을 수용 또는 사용할 수 있다.
㉡ 민간사업시행자(조합은 제외)는 사업대상 토지면적의 3분의 2 이상에 해당하는 토지를 소유하고 토지 소유자 총수의 2분의 1 이상에 해당하는 자의 동의를 받아야 한다.
㉢ 시행자(지정권자가 시행자인 경우는 제외)는 해당 대금의 전부 또는 일부를 미리 받으려면 지정권자의 승인을 받아야 한다.
㉣ 공급될 수 있는 원형지의 면적은 도시개발구역 전체 토지 면적의 2분의 1 이내로 한정한다.
㉤ 원형지를 공급받아 개발하는 지방자치단체는 원형지 공급계약일부터 10년이 지나기 전까지는 매각할 수 없다.

① 1개 ② 2개 ③ 3개
④ 4개 ⑤ 5개

85 도시개발법령상 수용 또는 사용방식에 의한 도시개발사업으로 조성된 토지 등을 추첨에 의한 방법으로 공급할 수 <u>없는</u> 경우는?

① 330m² 이하의 단독주택용지를 공급하는 경우
② 국민주택규모 이하의 주택건설용지
③ 토지상환채권에 의하여 토지를 상환하는 경우
④ 공공택지
⑤ 공장용지

86 도시개발법령상 환지처분에 관한 설명으로 옳은 것은 모두 몇 개인가?

> ㉠ 환지계획의 작성에 따른 환지 계획의 기준, 보류지의 책정 기준 등에 관하여 필요한 사항은 대통령령으로 정한다.
> ㉡ 시행자는 토지 면적의 규모를 조정할 특별한 필요가 있으면 면적이 작은 토지는 과소(過小) 토지가 되지 아니하도록 면적을 늘려 환지를 정할 수는 있지만 환지 대상에서 제외할 수 없다.
> ㉢ 토지소유자의 신청 또는 동의가 있는 때에는 임차권자 등의 동의가 없더라도 해당 토지의 전부 또는 일부에 대하여 환지를 정하지 아니할 수 있다.
> ㉣ 환지계획구역의 평균 토지부담률을 50%를 초과할 수 없다. 다만, 환지계획구역의 토지소유자 총수의 3분의 2 이상이 동의하는 경우에는 60%를 초과하여 정할 수 있다.
> ㉤ 체비지는 환지계획에서 정한 자가 환지처분이 공고된 날에 해당 소유권을 취득한다.

① 1개   ② 2개   ③ 3개
④ 4개   ⑤ 5개

87 도시개발법령상 채권에 관한 설명으로 옳은 것은 모두 몇 개인가?

> ㉠ 토지상환채권의 이율은 발행 당시의 금융기관의 예금금리 및 부동산 수급상황을 고려하여 지정권자가 정한다.
> ㉡ 토지상환채권의 발행규모는 그 토지상환채권으로 상환할 토지·건축물이 해당 도시개발사업으로 조성되는 분양토지 또는 분양건축물의 2분의 1을 초과하지 아니하여야 한다.
> ㉢ 토지상환채권은 기명식 증권으로 발행되며 이전이 불가능하다.
> ㉣ 도시개발채권의 소멸시효는 상환일부터 기산하여 원금은 5년, 이자는 2년으로 한다.
> ㉤ 시·도지사는 도시개발채권을 발행하려는 경우 채권의 발행총액에 대하여 행정안전부장관에게 승인을 받아야 한다.

① 1개　　② 2개　　③ 3개　　④ 4개　　⑤ 5개

88 도시개발법령상 다음 설명 중 옳은 것은 모두 몇 개인가?

> ㉠ 도시개발조합을 설립하려면 도시개발구역의 토지 소유자 5명 이상이 정관을 작성하여 지정권자에게 조합설립의 인가를 받아야 한다.
> ㉡ 도시개발구역의 토지면적을 산정하는 경우, 국·공유지를 제외하여 산정하여야 한다.
> ㉢ 도시개발구역의 토지에 대한 지역권은 종전의 토지에 존속한다. 다만, 도시개발사업의 시행으로 행사할 이익이 없어진 지역권은 환지처분이 공고된 날이 끝나는 때에 소멸한다.
> ㉣ 토지상환채권을 질권의 목적으로 하는 경우에는 질권자의 성명과 주소가 토지상환채권원부에 기재되지 아니하면 질권자는 발행자 및 그 밖의 제3자에게 대항하지 못한다.
> ㉤ 공공사업시행자가 도시개발사업의 시행방식을 수용 또는 사용방식에서 전부 환지방식으로 변경할 수 있다.

① 1개　　② 2개　　③ 3개
④ 4개　　⑤ 5개

89 도시 및 주거환경정비법령상 용어정의에 관한 설명으로 옳은 것은 모두 몇 개인가?

> ㉠ 주민이 공동으로 사용하는 놀이터, 마을회관, 공동작업장, 구판장, 세탁장, 탁아소, 유치원, 어린이집 등은 공동이용시설이다.
> ㉡ 해당 건축물을 준공일 기준으로 40년까지 사용하기 위하여 보수·보강하는데 드는 비용이 철거 후 새로운 건축물을 건설하는 데 드는 비용보다 클 것으로 예상되는 건축물은 노후·불량건축물에 해당된다.
> ㉢ 재건축사업은 정비기반시설은 양호하나 노후·불량건축물에 해당하는 공동주택이 밀집한 지역에서 주거환경을 개선하기 위한 사업이다.
> ㉣ 토지주택공사 등이란 「한국토지주택공사법」에 따라 설립된 한국토지주택공사 또는 「지방공기업법」에 따라 주택사업을 수행하기 위하여 설립된 지방공사를 말한다.
> ㉤ 재건축사업에 있어서 토지등소유자는 정비구역의 토지 또는 건축물의 소유자 또는 그 지상권자이다.

① 1개 ② 2개 ③ 3개
④ 4개 ⑤ 5개

90 도시 및 주거환경정비법령상 정비기본계획 및 정비계획에 관한 설명으로 옳은 것은 모두 몇 개인가?

> ㉠ 시장·군수 등은 재건축진단에 드는 비용을 해당 재건축진단의 실시를 요청하는 자에게 부담하게 하여야 한다.
> ㉡ 정비계획의 입안권자는 입안하거나 변경하려면 주민에게 서면으로 통보한 후 주민설명회 및 14일 이상 주민에게 공람하여 의견을 들어야 한다.
> ㉢ 정비구역의 지정권자는 정비구역의 진입로 설치를 위하여 진입로 지역과 그 인접 지역을 포함하여 정비구역을 지정할 수 있다.
> ㉣ 정비구역의 지정권자는 정비구역 지정을 위하여 직접 정비계획을 입안할 수 있다.
> ㉤ 특별시장·광역시장·특별자치시장·특별자치도지사·시장은 관할구역에 대하여 도시·주거환경정비기본계획을 10년 단위로 수립하고, 3년마다 그 타당성을 검토하여야 한다.

① 1개 ② 2개 ③ 3개
④ 4개 ⑤ 5개

91 도시 및 주거환경정비법령상 정비구역의 지정권자가 정비구역 등을 해제하여야 하는 경우로 볼 수 없는 것은?

① 재개발사업에서 토지등소유자가 정비구역으로 지정·고시된 날부터 2년이 되는 날까지 조합설립추진위원회의 승인을 신청하지 아니하는 경우
② 정비예정구역에 대하여 기본계획에서 정한 정비구역 지정 예정일부터 3년이 되는 날까지 특별자치시장, 특별자치도지사, 시장 또는 군수가 정비구역을 지정하지 아니한 경우
③ 재개발사업에서 추진위원회가 추진위원회 승인일부터 2년이 되는 날까지 조합설립인가를 신청하지 아니하는 경우
④ 재건축사업에서 조합이 조합설립인가를 받은 날부터 3년이 되는 날까지 사업시행계획인가를 신청하지 아니하는 경우
⑤ 토지등소유자가 시행하는 재개발사업으로서 토지등소유자가 정비구역으로 지정·고시된 날부터 3년이 되는 날까지 사업시행계획인가를 신청하지 아니하는 경우

92 도시 및 주거환경정비법령상 시행방법에 관한 설명으로 옳은 것은 모두 몇 개인가?

> ㉠ 주거환경개선사업은 사업시행자가 관리처분계획에 따라 주택 및 부대·복리시설을 건설하여 공급하는 방법으로 할 수 없다.
> ㉡ 재건축사업에 따라 공동주택 외 건축물을 건설하여 공급하는 경우에는 국토의 계획 및 이용에 관한 법률에 따른 준주거지역 및 상업지역에서만 건설할 수 있다. 이 경우 공동주택 외 건축물의 연면적은 전체 건축물 연면적의 100분의 40 이하이어야 한다.
> ㉢ 주거환경개선사업의 시행자는 수용방법에 따라 시행하려는 경우 정비계획에 따른 공람공고일 현재 해당 정비예정구역의 토지 또는 건축물의 소유자 또는 지상권자의 3분의 2 이상의 동의와 세입자 세대수의 과반수의 동의를 각각 받아야 한다.
> ㉣ 주거환경개선사업은 조합이 시행하거나 조합이 조합원의 과반수의 동의를 받아 시장·군수 등, 토지주택공사 등, 건설사업자 또는 등록사업자와 공동으로 시행할 수 있다.
> ㉤ 재개발사업은 정비구역에서 인가받은 관리처분계획에 따라 건축물을 건설하여 공급할 수 있고 환지공급방법은 할 수 없다.

① 1개　　　② 2개　　　③ 3개
④ 4개　　　⑤ 5개

93 도시 및 주거환경정비법령상 군수가 직접 재개발사업 및 재건축사업 모두를 시행할 수 있는 사유에 해당하지 <u>않는</u> 것은?

① 정비계획에서 정한 정비사업시행 예정일부터 2년 이내에 사업시행계획인가를 신청하지 아니하거나 신청한 내용이 위법 또는 부당하다고 인정하는 때
② 지방자치단체의 장이 시행하는 「국토계획 및 이용에 관한 법률」에 따른 도시·군계획사업과 병행하여 정비사업을 시행할 필요가 있다고 인정하는 때
③ 순환정비방식으로 정비사업을 시행할 필요가 있다고 인정하는 때
④ 사업시행계획인가가 취소된 때
⑤ 정비구역의 토지면적 2분의 1 이상의 토지소유자와 토지등소유자의 3분의 2 이상에 해당하는 자가 시장·군수 등 또는 토지주택공사 등을 사업시행자로 지정할 것을 요청하는 때

94 도시 및 주거환경정비법령상 정비조합에 관한 설명으로 옳은 것은 모두 몇 개인가?

> ㉠ 추진위원회는 토지등소유자 2분의 1 이상의 동의를 얻어 위원장을 포함한 5인 이상의 위원으로 구성한다.
> ㉡ 재개발조합을 설립인가를 받으려면 토지등소유자의 3분의 2 이상 및 토지면적의 2분의 1 이상의 토지소유자의 동의를 받아야 한다.
> ㉢ 추진위원회는 추진위원회를 대표하는 추진위원장 1명과 이사 1인 및 감사를 두어야 한다.
> ㉣ 조합장이 아닌 조합임원은 대의원이 될 수 없다.
> ㉤ 재개발사업의 경우 토지등소유자는 동의 여부에 관계없이 조합원이 된다.

① 1개 ② 2개 ③ 3개
④ 4개 ⑤ 5개

95 도시 및 주거환경정비법령상 사업시행계획에 관한 설명으로 옳은 것은 모두 몇 개인가?

> ㉠ 사업시행자(토지주택공사 제외)는 사업시행계획인가를 신청하기 전에 미리 총회의 의결을 거쳐야 한다.
> ㉡ 시장·군수 등은 사업시행계획인가를 하려는 경우 정비구역부터 100m 이내에 교육시설이 설치되어 있는 때에는 해당 지방자치단체의 교육감 또는 교육장과 협의하여야 한다.
> ㉢ 재건축사업의 사업시행자는 사업시행으로 이주하는 상가세입자가 사용할 수 있도록 정비구역 또는 정비구역 인근에 임시상가를 설치할 수 있다.
> ㉣ 주거환경개선사업에 따른 건축허가를 받는 때에는 주택도시기금법상의 국민주택채권 매입에 관한 규정이 적용되지 않는다.
> ㉤ 시장·군수 등은 특별한 사유가 없으면 사업시행계획서의 제출이 있은 날부터 90일 이내에 인가 여부를 결정하여 사업시행자에게 통보하여야 한다.

① 1개 ② 2개 ③ 3개
④ 4개 ⑤ 5개

96 도시 및 주거환경정비법령상 관리처분계획에 관한 설명으로 옳은 것은 모두 몇 개인가?

> ㉠ 사업시행자가 토지주택공사 등인 경우에 분양대상자와 사업시행자가 공동소유하는 방식으로 주거전용면적이 60m² 이하 주택인 지분형주택을 공급할 수 있다.
> ㉡ 사업시행자는 관리처분계획이 인가·고시된 다음 날부터 60일 이내에 분양을 신청하지 아니한 자와 토지, 건축물 또는 그 밖의 권리의 손실보상에 관한 협의를 하여야 한다.
> ㉢ 국토교통부장관, 시·도지사, 시장, 군수, 구청장 또는 토지주택공사 등은 조합이 요청하는 경우 재개발사업의 시행으로 건설된 임대주택을 우선 인수하여야 한다.
> ㉣ 사업시행자는 분양신청을 받은 후 잔여분이 있는 경우에는 사업시행계획으로 정하는 목적을 위하여 그 잔여분을 조합원 또는 토지등소유자 이외의 자에게 분양할 수 있다.
> ㉤ 투기과열지구 또는 조정대상지역이 아닌 수도권정비계획법의 과밀억제권역에 위치하는 재건축사업의 경우에는 1세대가 수개의 주택을 소유한 경우에는 2주택까지 공급할 수 있다.

① 1개 ② 2개 ③ 3개
④ 4개 ⑤ 5개

97 도시 및 주거환경정비법령상 관리처분계획의 경미한 변경사유에 해당하지 않는 것은?

① 주택분양에 관한 권리를 포기하는 토지등소유자에 대한 임대주택의 공급에 따라 관리처분계획을 변경하는 경우
② 정관 및 사업시행계획인가의 변경에 따라 관리처분계획을 변경하는 경우
③ 매도청구에 대한 판결에 따라 관리처분계획을 변경하는 경우
④ 불이익을 받는 자가 적은 계산착오·오기·누락 등에 따른 조서의 단순정정인 경우
⑤ 권리·의무의 변동이 있는 경우로서 분양설계의 변경을 수반하지 아니하는 경우

98 도시 및 주거환경정비법령상 공사완료에 따른 조치 등에 관한 설명으로 옳은 것은 모두 몇 개인가?

> ㉠ 건축물을 분양받을 자는 소유권 이전의 고시한 날에 건축물에 대한 소유권을 취득한다.
> ㉡ 시장·군수 등이 아닌 사업시행자가 정비사업 공사를 완료한 때에는 대통령령으로 정하는 방법 및 절차에 따라 시장·군수 등의 준공인가를 받아야 한다.
> ㉢ 정비구역의 해제는 조합의 존속에 영향을 준다.
> ㉣ 청산금을 지급받을 권리는 소유권 이전고시일부터 5년간 이를 행사하지 아니하면 소멸한다.
> ㉤ 사업시행자는 이전·고시가 있은 때에는 14일 이내 대지 및 건축물에 관한 등기를 지방법원지원 또는 등기소에 촉탁 또는 신청하여야 한다.

① 1개 ② 2개 ③ 3개
④ 4개 ⑤ 5개

99 도시 및 주거환경정비법령상 다음 설명 중 틀린 것은?

① 시장·군수 등이 천재지변 등으로 주택이 붕괴되어 신속히 재건축을 추진할 필요가 있다고 인정하는 경우는 재건축진단 대상에서 제외할 수 있다.
② 사업시행자는 정비사업의 공사를 완료한 때에는 완료한 날부터 30일 이내에 임시거주시설을 철거하고, 사용한 건축물이나 토지를 원상회복하여야 한다.
③ 정비조합에 두는 이사의 수는 3명 이상으로 하고, 감사의 수는 1명 이상 3명 이하로 한다. 다만, 토지등소유자의 수가 100인을 초과하는 경우에는 이사의 수를 5명 이상으로 한다.
④ 국가는 시장·군수가 아닌 사업시행자가 시행하는 정비사업에 소요되는 비용의 일부에 대해 융자를 알선할 수 없다.
⑤ 대지면적을 10%의 범위에서 변경하는 때에는 인가가 아닌 시장·군수 등에게 신고하여야 한다.

100 도시 및 주거환경정비법령상 다음 설명 중 틀린 것은?

① 사업시행자는 손실보상의 협의가 성립되지 아니하면 그 기간의 만료일 다음 날부터 60일 이내에 수용재결을 신청하거나 매도청구소송을 제기하여야 한다.
② 관리처분계획에 포함되는 세입자별 손실보상을 위한 권리명세 및 그 평가액은 시장·군수 등이 선정·계약한 1인 이상의 감정평가법인 등과 조합총회의 의결로 선정·계약한 1인 이상의 감정평가법인 등이 평가한 금액을 산술평균하여 산정한다.
③ 시장·군수 등이 직접 관리처분계획을 수립하는 경우에는 토지등소유자의 공람 및 의견청취절차를 생략할 수 없다.
④ 창립총회시에는 총회 조합원의 100분의 20 이상이 직접 출석하여야 한다.
⑤ 시장·군수 등은 시장·군수 등이 아닌 사업시행자가 시행하는 정비사업의 정비계획에 따라 설치되는 임시거주시설에 대해서는 그 건설비용의 전부를 부담하여야 한다.

02 마무리 연습(40제)

01 국토의 계획 및 이용에 관한 법령상 광역도시계획에 관한 설명으로 옳은 것은 모두 몇 개인가?

> ㉠ 광역계획권이 둘 이상의 시·도의 관할 구역에 걸쳐 있는 경우에는 시·도지사가 공동으로 수립하여야 한다.
> ㉡ 국가계획과 관련된 광역도시계획의 수립이 필요한 경우에는 국토교통부장관이 수립한다.
> ㉢ 특별시장·광역시장·특별자치시장·특별자치도지사·시장 또는 군수는 광역계획권을 지정할 수 있다.
> ㉣ 시·도지사가 광역도시계획을 수립하는 경우 미리 관계 중앙행정기관과 협의한 후 중앙도시계획위원회의 심의를 거쳐야 한다.
> ㉤ 국토교통부장관, 시·도지사, 시장 또는 군수가 기초조사정보체계를 구축한 경우에는 등록된 정보의 현황을 3년마다 확인하고 변동사항을 반영하여야 한다.

① 1개　　② 2개
③ 3개　　④ 4개
⑤ 5개

02 국토의 계획 및 이용에 관한 법령상 도시·군기본계획에 관한 설명으로 옳은 것은 모두 몇 개인가?

> ㉠ 수도권정비계획법에 의한 수도권에 속하지 아니하고 광역시와 경계를 같이하지 아니한 시로서 인구 8만명인 시의 시장은 도시·군기본계획을 수립하지 아니할 수 있다.
> ㉡ 광역시장은 도시·군기본계획을 변경하려면 국토교통부장관과 협의한 후 지방도시계획위원회의 심의를 거쳐야 한다.
> ㉢ 도시·군기본계획의 수립권자는 특별시장·광역시장·특별자치시장·특별자치도지사·시장 또는 군수이며, 도시·군기본계획의 수립기준은 승인권자인 시·도지사가 정한다.
> ㉣ 시장 또는 군수가 도시·군기본계획을 변경하려면 지방의회의 승인을 받아야 한다.
> ㉤ 시장 또는 군수는 3년마다 관할 구역의 도시·군기본계획에 대하여 그 타당성 여부를 전반적으로 재검토하여 정비하여야 한다.

① 1개　　② 2개
③ 3개　　④ 4개
⑤ 5개

03 국토의 계획 및 이용에 관한 법령상 도시·군관리계획에 관한 설명으로 옳은 것은 모두 몇 개인가?

> ㉠ 개발밀도관리구역의 지정에 관한 계획은 도시·군관리계획으로 결정한다.
> ㉡ 지구단위계획구역의 지정에 관한 사항에 대하여 도시·군관리계획의 입안을 제안하려는 자는 국·공유지를 제외한 대상토지면적의 3분의 2 이상의 토지소유자의 동의를 받아야 한다.
> ㉢ 도시·군관리계획으로 입안하려는 지구단위계획구역이 상업지역에 위치하는 경우에는 재해취약성분석을 실시하여야 한다.
> ㉣ 도시·군관리계획 결정의 효력은 지형도면을 고시한 날의 다음 날부터 발생한다.
> ㉤ 시가화조정구역의 지정에 관한 도시·군관리계획 결정 당시 이미 허가를 받아 사업이나 공사에 착수한 자는 별도의 신고 없이 그 사업이나 공사를 계속할 수 있다.

① 1개 ② 2개
③ 3개 ④ 4개
⑤ 5개

04 국토의 계획 및 이용에 관한 법령상 용도지역에 관한 설명으로 옳은 것은 모두 몇 개인가?

> ㉠ 준공업지역이란 주로 중화학공업, 공해성공업 등을 수용하기 위하여 필요한 지역을 말한다.
> ㉡ 용도지역이 미세분된 도시지역에서의 행위제한 등에 대하여는 보전녹지지역에 관한 규정을 적용한다.
> ㉢ 계획관리지역의 건폐율은 40% 이하이고 용적률은 100% 이하이다.
> ㉣ 「항만법」에 따른 항만구역으로서 관리지역에 연접한 공유수면은 도시지역으로 결정·고시된 것으로 본다.
> ㉤ 도시지역에 대해서는 「도로법」에 따른 접도구역 규정이 적용되지 않는다.

① 1개 ② 2개
③ 3개 ④ 4개
⑤ 5개

05 국토의 계획 및 이용에 관한 법령상 용도지구에 관한 설명으로 옳은 것은 모두 몇 개인가?

> ㉠ 대도시 시장은 일반주거지역·일반공업지역·계획관리지역에 복합용도지구를 지정할 수 있다.
> ㉡ 개발제한구역 안의 취락을 정비하기 위하여 필요한 지구는 자연취락지구이다.
> ㉢ 복합개발진흥지구는 주거기능, 공업기능, 유통·물류기능 및 관광·휴양기능 외의 기능을 중심으로 특정한 목적을 위하여 개발·정비할 필요가 있는 지구를 말한다.
> ㉣ 고도지구에서는 도시·군관리계획으로 정하는 높이를 초과하는 건축물을 건축할 수 없다.
> ㉤ 대도시 시장은 연안침식이 진행 중인 지역으로 연안침식으로 인하여 심각한 피해가 발생할 우려가 있어 이를 특별히 관리할 필요가 있는 지역에 대해서는 방재지구의 지정을 도시·군관리계획으로 결정하여야 한다.

① 1개　　　　　　　　　② 2개
③ 3개　　　　　　　　　④ 4개
⑤ 5개

06 국토의 계획 및 이용에 관한 법령상 용도구역에 관한 설명으로 옳은 것은 모두 몇 개인가?

> ㉠ 개발제한구역은 국토교통부장관만 지정할 수 있다.
> ㉡ 도시의 자연환경 및 경관을 보호하고 도시민에게 건전한 여가·휴식공간을 제공하기 위하여 도시지역 안에서 식생이 양호한 산지의 개발을 제한할 필요가 있다고 인정되는 지역을 개발제한구역으로 지정할 수 있다.
> ㉢ 시가화조정구역의 지정에 관한 도시·군관리계획의 결정은 시가화유보기간이 끝난 날부터 그 효력을 잃는다.
> ㉣ 공익상 시가화조정구역 안에서의 사업시행이 불가피한 것으로서 관계 지방행정기관의 장의 요청에 의하여 국토교통부장관이 그 지정목적달성에 지장이 없다고 인정하는 도시·군계획사업만 시행할 수 있다.
> ㉤ 시가화조정구역의 시가화 유보기간은 10년 이상 20년 이내이다.

① 1개　　　　　　　　　② 2개
③ 3개　　　　　　　　　④ 4개
⑤ 5개

07 국토의 계획 및 이용에 관한 법령상 지구단위계획에 관한 설명으로 옳은 것은 모두 몇 개인가?

> ㉠ 개발제한구역에서 해제되는 면적이 30만제곱미터 이상인 지역은 지구단위계획구역으로 지정하여야 한다.
> ㉡ 지구단위계획은 도시·군기본계획으로 결정한다.
> ㉢ 건축선에 관한 계획은 지구단위계획의 내용에 포함할 수 있다.
> ㉣ 도시지역 외 지구단위계획구역의 지정목적이 한옥마을을 보존하고자 하는 경우 지구단위계획으로 「주차장법」에 의한 주차장 설치기준을 100퍼센트까지 완화하여 적용할 수 있다.
> ㉤ 주민이 입안을 제안한 경우, 지구단위계획에 관한 도시·군관리계획결정의 고시일부터 5년 이내에 허가를 받아 사업이나 공사에 착수 하지 아니하면 그 5년이 된 날에 지구단위계획구역의 지정에 관한 도시·군관리계획결정은 효력을 잃는다.

① 1개
② 2개
③ 3개
④ 4개
⑤ 5개

08 국토의 계획 및 이용에 관한 법령상 기반시설 및 공동구에 관한 설명으로 옳은 것은 모두 몇 개인가?

> ㉠ 유통업무설비, 수도·전기·가스·열공급설비, 방송·통신시설, 공동구·시장, 유류저장 및 송유설비는 유통·공급시설에 해당한다.
> ㉡ 국가계획으로 설치·관리하는 광역시설은 그 광역시설의 설치·관리를 사업종목으로 하여 다른 법률에 따라 설립된 법인이 관리할 수 있다.
> ㉢ 도시·군계획시설을 공중·수중·수상 또는 지하에 설치하는 경우 그 높이나 깊이의 기준과 그 설치로 인하여 토지나 건물의 소유권 행사에 제한을 받는 자에 대한 보상 등에 관하여는 따로 법률로 정한다.
> ㉣ 공동구의 설치에 필요한 비용은 공동구 점용예정자가 부담하되, 그 부담액은 사업시행자와 협의하여 정한다.
> ㉤ 지역 개발 및 지원에 관한 법률에 따른 지역개발사업 구역, 도시개발법에 따른 도시개발구역은 지역 등의 규모가 200만m²를 초과인 경우에는 사업시행자가 공동구를 설치하여야 하는 지역에 해당한다.

① 1개
② 2개
③ 3개
④ 4개
⑤ 5개

09 국토의 계획 및 이용에 관한 법령상 도시·군계획시설사업에 관한 설명으로 옳은 것은 모두 몇 개인가?

> ㉠ 단계별 집행계획은 제1단계 집행계획과 제2단계 집행계획 및 제3단계 집행계획으로 구분하여 수립한다.
> ㉡ 대도시 시장이 작성한 도시·군계획시설사업에 관한 실시계획은 국토교통부장관의 인가를 받아야 한다.
> ㉢ 한국도로공사는 도시·군계획시설사업의 시행자가 될 수 있다.
> ㉣ 사업으로 인하여 기반시설의 설치가 필요한 경우 사업의 시행자인 지방자치단체는 그 이행의 담보를 위한 이행보증금을 예치하여야 한다.
> ㉤ 도시·군계획시설사업의 시행자가 비행정청인 경우, 시행자의 처분에 대하여는 행정심판을 제기할 수 있다.

① 1개　　② 2개
③ 3개　　④ 4개
⑤ 5개

10 국토의 계획 및 이용에 관한 법령상 매수청구에 관한 설명으로 옳은 것은 모두 몇 개인가?

> ㉠ 부재부동산 소유자의 토지로서 매수대금이 2,000만원을 초과하는 경우 매수의무자는 도시·군계획시설채권을 발행하여 지급할 수 있다.
> ㉡ 매수청구된 토지의 매수가격·매수절차 등에 관하여는 시가가 아닌 공시지가로 한다.
> ㉢ 매수의무자는 매수하기로 결정한 토지를 매수 결정을 알린 날부터 2년 이내에 매수하여야 한다.
> ㉣ 매수청구를 한 토지의 소유자는 매수의무자가 그 토지를 매수하지 아니하기로 결정한 경우 개발행위허가를 받아 3층 이하의 제1종 근린생활시설을 설치할 수 있다.
> ㉤ 도시·군계획시설결정이 고시된 도시·군계획시설에 대하여 그 고시일부터 20년이 지날 때까지 그 시설의 설치에 관한 도시·군계획시설사업이 시행되지 아니하는 경우 그 도시·군계획시설결정은 그 고시일부터 20년이 되는 날에 그 효력을 잃는다.

① 1개　　② 2개
③ 3개　　④ 4개
⑤ 5개

11 국토의 계획 및 이용에 관한 법령상 개발행위허가에 관한 설명으로 옳은 것은 모두 몇 개인가?

> ㉠ 도시·군계획사업에 의한 행위의 경우에도 개발행위허가를 받아야 한다.
> ㉡ 개발밀도관리구역 안에서 개발행위허가 신청을 할 때에는 기반시설의 설치나 그에 필요한 용지의 확보에 관한 계획서를 제출하여야 한다.
> ㉢ 재난수습을 위한 응급조치인 경우에는 1개월 이내에 신고하여야 한다.
> ㉣ 성장관리계획구역 내 계획관리지역에서는 125퍼센트 이하의 범위에서 용적률을 완화하여 적용할 수 있다.
> ㉤ 건축물의 배치·형태·색채·높이·건축선은 성장관리계획에 포함될 수 있는 사항에 해당한다.

① 1개 ② 2개
③ 3개 ④ 4개
⑤ 5개

12 국토의 계획 및 이용에 관한 법령상 개발밀도관리구역과 기반시설부담구역에 관한 설명으로 옳은 것은 모두 몇 개인가?

> ㉠ 도시지역에서의 개발행위로 기반시설의 처리능력이 부족할 것이 예상되는 지역 중 기반시설의 설치가 곤란한 지역을 개발밀도관리구역으로 지정할 수 있다.
> ㉡ 기반시설부담구역에 설치가 필요한 기반시설에는 「고등교육법」에 따른 학교는 포함되지 않는다.
> ㉢ 광역시장은 「국토의 계획 및 이용에 관한 법률」의 개정으로 인하여 행위 제한이 완화되는 지역에 대하여는 이를 기반시설부담구역으로 지정하여야 한다.
> ㉣ 동일한 지역에 대해 기반시설부담구역과 개발밀도관리구역을 중복하여 지정할 수 있다.
> ㉤ 기반시설부담구역의 지정고시일부터 2년이 되는 날까지 기반시설설치계획을 수립하지 아니하면 그 2년이 되는 날의 다음 날에 구역의 지정은 해제된 것으로 본다.

① 1개 ② 2개
③ 3개 ④ 4개
⑤ 5개

13 도시개발법령상 옳은 것은 모두 몇 개인가?

㉠ 도시개발구역에 포함되는 주거지역이 전체 도시개발구역 지정 면적의 100분의 40 인 지역을 도시개발구역으로 지정할 때에는 도시개발구역을 지정한 후에 개발계획을 수립할 수 있는 경우에 해당한다.
㉡ 임대주택건설계획 등 세입자 등의 주거 및 생활 안정 대책은 개발계획에 따라 도시개발구역을 지정한 후에 개발계획에 포함시킬 수 있다.
㉢ 조합은 특별자치도지사·시장·군수 또는 구청장에게 도시개발구역의 지정을 제안할 수 있다.
㉣ 「집합건물의 소유 및 관리에 관한 법률」에 따른 구분소유자는 대표 구분소유자 1인만을 토지소유자로 본다.
㉤ 개발계획의 변경을 요청받은 후부터 개발계획이 변경되기 전까지의 사이에 토지소유자가 변경된 경우 변경된 토지소유자의 동의서를 기준으로 한다.

① 1개 ② 2개
③ 3개 ④ 4개
⑤ 5개

14 도시개발법령상 옳은 것은 모두 몇 개인가?

㉠ 특별시장·광역시장·도지사·특별자치도지사 또는 대도시 시장은 계획적인 도시개발이 필요하다고 인정되는 때에는 도시개발구역을 지정할 수 있다. 다만, 국토교통부장관은 도시개발구역을 지정할 수 없다.
㉡ 토지 소유자가 도시개발구역의 지정을 제안하려는 경우에는 대상구역 토지면적의 2분의 1 이상에 해당하는 토지 소유자의 동의를 받아야 한다.
㉢ 지방공사의 장이 30만 제곱미터 규모로 국가계획과 밀접한 관련이 있는 도시개발구역의 지정을 제안하는 경우에는 국토교통부장관이 도시개발구역을 지정할 수 있다.
㉣ 공업지역에서 도시개발구역으로 지정할 수 있는 규모는 3만 제곱미터 이상이어야 한다.
㉤ 도시개발구역 면적이 50만m² 이상인 경우, 개발계획이 국가계획을 포함하고 있거나 국가계획과 관련되는 경우에 해당하면 국토교통부장관과 협의하여야 한다.

① 1개 ② 2개
③ 3개 ④ 4개
⑤ 5개

15 도시개발법령상 옳은 것은 모두 몇 개인가?

㉠ 관상용 죽목(竹木)의 임시식재는 개발행위허가 대상에 해당한다.
㉡ 도시개발구역이 지정·고시된 날부터 3년이 되는 날까지 개발계획을 수립·고시하지 아니하는 경우에는 그 3년이 되는 다음 날에 해제된 것으로 본다.
㉢ 도시개발사업의 공사완료로 도시개발구역의 지정이 해제의제된 경우에는 도시개발구역의 용도지역은 해당 도시개발구역 지정 전의 용도지역으로 환원되거나 폐지된 것으로 본다.
㉣ 「한국부동산원법」에 따른 한국부동산원은 도시개발사업 시행자로 지정될 수 있다.
㉤ 도시개발구역의 전부를 환지방식으로 시행하는 시행자가 도시개발구역 지정의 고시일로부터 1년 이내에 실시계획 인가를 신청하지 아니한 경우에는 시행자를 변경할 수 있다.

① 1개 ② 2개
③ 3개 ④ 4개
⑤ 5개

16 도시개발법령상 도시개발조합에 관한 설명으로 옳은 것은 모두 몇 개인가?

㉠ 조합설립인가를 받은 후 정관기재사항인 주된 사무소의 소재지를 변경하려는 경우에는 지정권자의 변경인가를 받아야 한다.
㉡ 조합설립 인가신청을 위한 동의자 수 산정에 있어 도시개발구역의 토지면적은 국·공유지를 제외하고 산정한다.
㉢ 조합원은 보유토지의 면적에 비례하여 의결권을 갖는다.
㉣ 조합장 또는 이사의 자기를 위한 조합과의 계약이나 소송에 관하여는 감사가 조합을 대표한다.
㉤ 금고 이상의 형을 선고받고 그 집행이 끝나지 아니한 자는 조합원이 될 수 없다.

① 1개 ② 2개
③ 3개 ④ 4개
⑤ 5개

17 도시개발법령상 옳은 것은 모두 몇 개인가?

㉠ 시행자는 사업시행면적을 100분의 10의 범위에서 감소, 사업비의 100분의 10범위에서의 사업비의 증가는 경미한 변경으로 변경인가를 받지 아니한다.
㉡ 계획적이고 체계적인 도시개발 등 집단적인 조성과 공급이 필요한 경우에는 환지방식으로 정하여야 하며, 다른 시행방식에 의할 수 없다.
㉢ 시행자는 지방자치단체에게 도시개발구역 전체 토지면적의 2분의 1 이내에서 원형지를 공급하여 개발하게 할 수 있다.
㉣ 지방자치단체가 원형지개발자인 경우 원형지 공사완료 공고일부터 5년이 경과하기 전에도 원형지를 매각할 수 있다.
㉤ 단독주택용지로서 330m² 이하인 조성토지는 추첨의 방법으로 분양할 수 있다.

① 1개 ② 2개
③ 3개 ④ 4개
⑤ 5개

18 도시개발법령상 옳은 것은 모두 몇 개인가?

㉠ 폐기물처리시설을 설치하기 위해 공급하는 조성토지의 가격은 「감정평가 및 감정평가사에 관한 법률」에 따른 감정평가법인 등이 감정평가한 가격 이하로 정할 수 있다.
㉡ 보류지는 환지 계획에서 정한 자가 환지처분이 공고된 날에 해당 소유권을 취득한다.
㉢ 행정청이 아닌 시행자가 군수에게 청산금의 징수를 위탁한 경우 그 시행자는 군수가 징수한 금액의 100분의 4에 해당하는 금액을 해당 군에 지급하여야 한다.
㉣ 도시개발채권의 이율은 기획재정부장관이 국채·공채 등의 금리와 특별회계의 상황 등을 고려하여 정한다.
㉤ 토지상환채권의 발행규모는 그 토지상환채권으로 상환할 토지·건축물이 해당 도시개발사업으로 조성되는 분양토지 또는 분양건축물 면적의 2분의 1을 초과하지 아니하도록 하여야 한다.

① 1개 ② 2개
③ 3개 ④ 4개
⑤ 5개

19 도시 및 주거환경정비법령상 옳은 것은 모두 몇 개인가?

> ㉠ 정비기반시설이 열악하고 노후·불량건축물이 밀집한 지역에서 주거환경을 개선하거나 상업지역·공업지역 등에서 도시기능의 회복 및 상권활성화 등을 위하여 도시환경을 개선하기 위한 사업은 재건축사업에 해당한다.
> ㉡ 도로·상하수도·도랑·공원·공용주차장·공동구는 정비기반시설에 해당한다.
> ㉢ 정비사업의 계획기간을 단축하는 경우 기본계획의 수립권자는 주민공람과 지방의회의 의견청취 절차를 거쳐야 한다.
> ㉣ 정비사업의 시행으로 토지등소유자에게 과도한 부담이 발생할 것으로 예상되는 경우 정비구역의 지정권자는 지방도시계획위원회의 심의를 거치지 아니하고 정비구역등을 해제할 수 있다.
> ㉤ 재개발사업을 시행하는 지정개발자가 조합설립인가를 받은 날부터 3년이 되는 날까지 사업 시행계획인가를 신청하지 않은 경우 해당 정비구역을 해제하여야 한다.

① 1개 ② 2개
③ 3개 ④ 4개
⑤ 5개

20 도시 및 주거환경정비법령상 옳은 것은 모두 몇 개인가?

> ㉠ 이동이 용이하지 아니한 물건을 3주일 동안 쌓아놓는 행위는 정비구역 안에서 시장·군수의 허가를 받아야 하는 행위에 해당한다.
> ㉡ 조합설립추진위원회가 구성되지 아니한 구역에서 토지등소유자의 100분의 30 이상이 정비구역의 해제를 요청한 경우에는 심의를 거쳐 정비구역을 해제할 수 있다.
> ㉢ 재건축사업은 관리처분계획에 따라 건축물을 공급하거나 환지로 공급하는 방법으로 한다.
> ㉣ 토지등소유자가 20인 미만인 경우에는 토지등소유자가 직접 재개발사업을 시행할 수 없다.
> ㉤ 재건축조합이 사업시행 예정일로부터 2년 이내에 사업시행계획인가를 신청하지 아니한 때에는 시장·군수등이 직접 정비사업을 시행하거나 토지주택공사등을 사업시행자로 지정하여 정비사업을 시행하게 할 수 있다.

① 1개 ② 2개
③ 3개 ④ 4개
⑤ 5개

21 도시 및 주거환경정비법령상 정비조합에 관한 설명으로 옳은 것은 모두 몇 개인가?

> ㉠ 조합정관의 변경은 조합설립추진위원회가 수행할 수 있는 업무에 해당한다.
> ㉡ 재건축사업의 추진위원회가 주택단지 안에서 조합을 설립하려면 토지등소유자의 100분의 70 이상 또는 토지면적의 100분의 70 이상의 토지소유자의 동의를 받아야 한다.
> ㉢ 토지등소유자의 수가 100인을 초과하는 경우 조합에 두는 이사의 수는 7명 이상으로 한다.
> ㉣ 조합임원이 금고 이상의 형의 집행유예를 받고 그 유예기간 중에 있는 경우에는 총회의 의결을 거쳐 해임된다.
> ㉤ 조합장이 아닌 조합임원은 조합의 대의원이 될 수 없다.

① 1개　　　　　　　② 2개
③ 3개　　　　　　　④ 4개
⑤ 5개

22 도시 및 주거환경정비법령상 옳은 것은 모두 몇 개인가?

> ㉠ 상가세입자는 사업시행자가 건축물의 철거의 사항에 관하여 시행규정을 정하는 때에 의견을 제시할 수 없다.
> ㉡ 대지면적을 10퍼센트의 범위에서 변경하는 때에는 사업시행계획의 변경시 신고대상인 경미한 사항의 변경에 해당한다.
> ㉢ 시장·군수 등은 사업시행인가를 하고자 하는 경우 정비구역으로부터 200미터 이내에 교육시설이 설치되어 있는 때에는 해당 지방자치단체의 교육감 또는 교육장과 협의하여야 한다.
> ㉣ 재개발사업과 재건축사업의 사업시행자는 사업시행으로 이주하는 상가세입자가 사용할 수 있도록 정비구역 또는 정비구역 인근에 임시상가를 설치할 수 있다.
> ㉤ 시장·군수 등은 재개발사업의 시행자가 지정개발자인 경우 시행자로 하여금 정비사업비의 100분의 30의 금액을 예치하게 할 수 있다.

① 1개　　　　　　　② 2개
③ 3개　　　　　　　④ 4개
⑤ 5개

23 도시 및 주거환경정비법령상 옳은 것은 모두 몇 개인가?

> ㉠ 주거환경개선사업에 따른 건축허가를 받은 때와 부동산등기(소유권 보존등기 또는 이전등기로 한정)를 하는 때에는 「주택도시기금법」 국민주택채권의 매입에 관한 규정을 적용한다.
> ㉡ 사업시행자는 관리처분계획이 인가·고시된 다음 날부터 90일 이내에 분양신청을 하지 않은 자와 손실보상에 관한 협의를 하여야 한다.
> ㉢ 분양신청기간은 통지한 날부터 30일 이상 90일 이내로 하여야 한다. 다만, 사업시행자는 관리처분계획의 수립에 지장이 없다고 판단하는 경우에는 분양신청기간을 20일의 범위에서 한 차례만 연장할 수 있다.
> ㉣ 불이익을 받는 자가 있으나 계산착오·오기·누락 등에 따른 조서의 단순정정인 경우에는 시장·군수 등에게 변경신고하여야 한다.
> ㉤ 분양대상자별 종전의 토지 또는 건축물의 사업시행계획인가 고시가 있은 날을 기준으로 한 가격의 범위 또는 종전 주택의 주거전용면적의 범위에서 2주택을 공급할 수 있고, 이 중 1주택은 주거전용면적을 $85m^2$ 이하로 한다.

① 1개 ② 2개
③ 3개 ④ 4개
⑤ 5개

24 도시 및 주거환경정비법령상 옳은 것은 모두 몇 개인가?

> ㉠ 시장·군수는 정비구역에서 면적이 90제곱미터 미만의 토지를 소유한 자로서 건축물을 소유하지 아니한 자의 요청이 있는 경우에는 인수한 임대주택의 일부를 「주택법」에 따른 토지임대부 분양주택으로 전환하여 공급하여야 한다.
> ㉡ 시장·군수 등이 아닌 사업시행자가 정비사업 공사를 완료한 때에는 대통령령으로 정하는 방법 및 절차에 따라 시장·군수 등의 준공인가를 받아야 한다.
> ㉢ 준공인가에 따른 정비구역의 해제가 있으면 조합은 해산된 것으로 본다.
> ㉣ 청산금을 지급(분할지급을 포함)받을 권리 또는 이를 징수할 권리는 이전·고시일로부터 5년간 행사하지 아니하면 소멸한다.
> ㉤ 국가는 시장·군수가 아닌 사업시행자가 시행하는 정비사업에 소요되는 비용의 일부에 대해 융자를 알선할 수 없다.

① 1개 ② 2개
③ 3개 ④ 4개
⑤ 5개

25 주택법령상 용어에 관한 설명으로 옳은 것은 모두 몇 개인가?

㉠ "공동주택"에는 「건축법 시행령」에 따른 아파트, 연립주택, 기숙사 등이 포함된다.
㉡ 허가를 받은 세대구분형 공동주택은 주택단지 공동주택 동의 전체 세대수의 3분의 1을 넘지 않도록 하여야 한다.
㉢ 준주거지역 또는 상업지역에서 아파트형주택과 도시형생활주택 외의 주택을 하나의 건축물에 함께 건축할 수 있다.
㉣ 폭 10m인 일반도로로 분리된 토지는 각각 별개의 주택단지이다.
㉤ 간선시설이란 도로·상하수도·전기시설·가스시설·통신시설·지역난방시설 등을 말한다.

① 1개
② 2개
③ 3개
④ 4개
⑤ 5개

26 주택법령상 사업주체에 관한 설명으로 옳은 것은 모두 몇 개인가?

㉠ 주택건설사업을 목적으로 설립된 지방공사가 연간 20호 이상의 단독주택 건설사업을 시행하려는 경우 국토교통부장관에게 등록하여야 한다.
㉡ 주택건설공사를 시공할 수 있는 등록사업자가 최근 3년간 300세대 이상의 공동주택을 건설한 실적이 있는 경우에는 주택으로 쓰는 층수가 7개층인 주택을 건설할 수 있다.
㉢ 등록이 말소된 후 3년이 지나지 아니한 자는 주택건설사업의 등록을 할 수 없다.
㉣ 거짓이나 그 밖의 부정한 방법으로 등록, 등록증의 대여에 해당하는 경우에는 그 등록을 말소할 수 있다.
㉤ 고용자가 그 근로자의 주택을 건설하는 경우에는 대통령령으로 정하는 바에 따라 등록사업자와 공동으로 사업을 시행하여야 한다.

① 1개
② 2개
③ 3개
④ 4개
⑤ 5개

27 주택법령상 주택조합에 관한 설명으로 옳은 것은 모두 몇 개인가?

㉠ 조합원의 공개모집 이후 조합원의 사망·자격상실·탈퇴 등으로 인한 결원을 충원하거나 미달된 조합원을 재모집하는 경우에는 신고하지 아니하고 선착순의 방법으로 조합원을 모집할 수 있다.
㉡ 주택을 마련하기 위하여 지역·직장주택조합의 설립인가를 받으려는 자는 토지의 소유권을 확보가 아닌 해당 주택건설대지의 80% 이상에 해당하는 토지의 사용권원 및 주택건설대지의 10% 이상의 소유권을 확보하여야 한다.
㉢ 국민주택을 공급받기 위하여 직장주택조합을 설립하려는 자는 관할 시장·군수·구청장에게 신고하여야 한다.
㉣ 조합원의 탈퇴 등으로 조합원 수가 주택건설 예정 세대 수의 60퍼센트가 된 경우는 충원이 허용된다.
㉤ 조합의 임원이 금고 이상의 실형을 받아 당연퇴직을 하면 그가 퇴직 전에 관여한 행위는 그 효력을 상실한다.

① 1개 ② 2개
③ 3개 ④ 4개
⑤ 5개

28 주택법령상 옳은 것은 모두 몇 개인가?

㉠ 지방공사가 주택상환사채를 발행하려면 금융기관 또는 주택도시보증공사의 보증을 받을 필요는 없다.
㉡ 택지의 구입 및 조성과 주택조합 가입 청약철회자의 가입비 반환은 주택상환사채의 납입금이 사용될 수 있다.
㉢ 한국토지주택공사가 서울특별시 A구에서 대지 면적 10만 제곱미터에 50호의 한옥건설사업을 시행하려는 경우 국토교통부장관으로부터 사업계획승인을 받아야 한다.
㉣ 사업계획승인권자는 사업계획승인의 신청을 받았을 때에는 정당한 사유가 없으면 신청받은 날부터 60일 이내에 사업주체에게 승인여부를 통보하여야 한다.
㉤ 해당 사업시행지에 대한 소유권 분쟁을 사업주체가 소송 외의 방법으로 해결하는 과정에서 공사 착수가 지연되는 경우에는 그 사유가 없어진 날로부터 1년의 범위에서 공사의 착수기간을 연장할 수 있다.

① 1개 ② 2개
③ 3개 ④ 4개
⑤ 5개

29 주택법령상 옳은 것은 모두 몇 개인가?

㉠ 주택건설대지면적 중 100분의 90 이상에 대해 사용권원을 확보한 경우에는 사용권원을 확보하지 못한 대지의 모든 소유자에게 매도 청구할 수 있다.
㉡ 사업주체가 리모델링주택조합인 경우 리모델링 결의에 찬성하지 아니하는 자의 주택에 대하여는 매도청구 할 수 있다.
㉢ 사업계획승인권자는 감리자가 업무수행 중 위반 사항이 있음을 알고도 묵인한 경우 그 감리자에 대하여 1년의 범위에서 감리업무의 지정을 제한할 수 있다.
㉣ 공동주택이 동별로 공사가 완료되고 임시사용승인신청이 있는 경우 대상주택이 사업계획의 내용에 적합하고 사용에 지장이 없는 때에는 세대별로 임시사용승인을 할 수 있다.
㉤ 사용검사 후 매도청구의 의사표시는 실소유자가 해당 토지 소유권을 회복한 날부터 1년 이내에 해당 실소유자에게 송달되어야 한다.

① 1개　　　　　　　　② 2개
③ 3개　　　　　　　　④ 4개
⑤ 5개

30 주택법령상 공급에 관한 설명으로 옳은 것은 모두 몇 개인가?

㉠ 한국토지주택공사가 사업주체로서 견본주택을 건설하는 경우에는 견본주택에 사용되는 마감자재 목록표와 견본주택의 각 실의 내부를 촬영한 영상물 등을 제작하여 시장·군수·구청장에게 제출하여야 한다.
㉡ 관광진흥법에 따라 지정된 관광특구에서 건설·공급하는 층수가 50층이고 높이가 140m인 아파트는 분양가상한제의 적용대상이다.
㉢ 사업주체가 공공택지에서 공급하는 주택에 대하여 입주자모집 승인을 받은 경우에는 분양가상한제 적용주택이라도 입주자 모집공고에 분양가격을 공시할 필요가 없다.
㉣ 주택을 공급받을 수 있는 증서로서 시장·군수·구청장이 발행한 무허가건물 확인서의 증여는 공급질서교란행위에 해당한다.
㉤ 투기과열지구로 지정된 지역의 시장, 군수 또는 구청장은 지정 후 해당 지역의 주택가격이 안정되는 등 지정 사유가 없어졌다고 인정되는 경우에는 국토교통부장관에게 투기과열지구 지정의 해제를 요청할 수 없다.

① 1개　　　　　　　　② 2개
③ 3개　　　　　　　　④ 4개
⑤ 5개

31 주택법령상 옳은 것은 모두 몇 개인가?

㉠ 시·도지사는 주택의 분양·매매 등 거래가 위축될 우려가 있는 지역을 시·도 주거정책심의위원회의 심의를 거쳐 조정대상지역으로 지정할 수 있다.
㉡ 세대주의 근무상 사정으로 인하여 세대원 전부가 수도권 안에서 이전하는 경우에는 전매가 허용된다.
㉢ 입주자로 선정된 지위 또는 주택의 일부를 배우자에게 증여하는 경우에는 전매가 허용된다.
㉣ 증축형 리모델링을 하려는 자는 시장·군수·구청장에게 안전진단을 요청하여야 한다.
㉤ 토지임대료는 월별 임대료를 원칙으로 하되, 토지소유자와 주택을 공급받은 자가 합의한 경우 대통령령으로 정하는 바에 따라 임대료를 선납하거나 보증금으로 전환하여 납부할 수 있다.

① 1개　　② 2개
③ 3개　　④ 4개
⑤ 5개

32 건축법령상 용어정의에 관한 설명으로 옳은 것은 모두 몇 개인가?

㉠ 바닥(최하층 바닥은 제외)은 '주요구조부'에 해당한다.
㉡ "고층건축물"이란 층수가 30층 이상이고 높이가 120미터 이상인 건축을 말한다.
㉢ 건축물의 바닥이 지표면 아래에 있는 층으로서 바닥에서 지표면까지 평균높이가 해당 층 높이의 2분의 1인 것은 '지하층'에 해당한다.
㉣ 장례시설로 사용하는 바닥면적의 합계가 5천 제곱미터인 10층의 장례식장은 다중이용건축에 해당한다.
㉤ 기둥과 기둥 사이의 거리(기둥의 중심선 사이의 거리를 말함)가 15미터인 건축물은 특수구조 건축물로서 건축물 내진등급의 설정에 관한 규정을 강화하여 적용할 수 있다.

① 1개　　② 2개
③ 3개　　④ 4개
⑤ 5개

33. 건축법령상 옳은 것은 모두 몇 개인가?

㉠ 철도의 선로 부지에 있는 철도 선로의 위나 아래를 가로지르는 보행시설은 건축법상 용적률 규정이 적용되지 않는다.
㉡ 전화설비, 승강기, 피뢰침, 국기게양대는 '건축설비'에 해당한다.
㉢ 건축허가를 받은 경우에도 해당 대지를 조성하기 위해 건축물과 분리된 높이 5미터의 옹벽을 축조하려면 따로 공작물 축조신고를 하여야 한다.
㉣ '이전'은 건축물의 주요구조부를 해체하여 같은 대지의 다른 위치로 옮기는 것으로 건축에 해당한다.
㉤ 숙박시설을 수련시설로 용도변경하는 경우에는 특별시장에게 신고를 하여야 한다.

① 1개 ② 2개
③ 3개 ④ 4개
⑤ 5개

34. 건축법령상 건축허가에 관한 설명으로 옳은 것은 모두 몇 개인가?

㉠ 허가권자는 사전결정이 신청된 건축물의 대지면적이 「환경영향평가법」에 따른 소규모 환경영향평가 대상사업인 경우 환경부장관이나 지방환경관서의 장과 소규모 환경영향평가에 관한 협의를 하여야 한다.
㉡ 「도로법」에 따른 도로점용허가는 건축허가권자로부터 건축 관련 입지와 규모의 사전결정 통지를 받은 경우 허가를 받은 것으로 본다.
㉢ 연면적의 합계가 10만 제곱미터 이상인 공장을 광역시에 건축하려면 광역시장의 허가를 받아야 한다.
㉣ 분양을 목적으로 하는 공동주택의 건축허가를 받으려는 자는 대지의 소유권을 확보하지 않아도 된다.
㉤ 허가권자는 공사에 착수하였으나 공사의 완료가 불가능하다고 인정되는 경우 건축허가를 취소할 수 있다.

① 1개 ② 2개
③ 3개 ④ 4개
⑤ 5개

35 건축법령상 옳은 것은 모두 몇 개인가?

㉠ 연면적 200m²이고 3층인 건축물의 기둥 3개이상을 수선하는 것은 건축신고 사항이다.
㉡ 도시·군계획시설 및 도시·군계획시설예정지에서 가설건축물을 건축하려는 자는 특별자치시장·특별자치도지사 또는 시장·군수·구청장의 허가를 받아야 한다.
㉢ 연면적이 200제곱미터 이상인 목구조 건축물을 건축하고자 하는자는 사용승인을 받는 즉시 내진능력을 공개하여야 한다.
㉣ 교육연구시설 중 도서관은 범죄예방기준에 따라 건축할 필요는 없지만 층간(소음방지용)바닥을 설치하여야 한다.
㉤ 초고층건축물에는 피난층 또는 지상으로 통하는 직통계단과 직접연결되는 피난안전구역을 지상층으로부터 최대 20개 층마다 1개소 이상 설치하여야 한다.

① 1개 ② 2개
③ 3개 ④ 4개
⑤ 5개

36 건축법령상 옳은 것은 모두 몇 개인가?

㉠ 초고층건축물과 연면적이 10만 제곱미터 이상이고 16층 이상인 건축물은 안전영향평가를 실시하여야 할 건축물에 해당한다.
㉡ 녹지지역의 건축물은 면적이 200m² 이상인 대지에 건축하는 경우에도 조경 등의 조치를 하여야 한다.
㉢ 숙박시설로서 해당 용도로 쓰는 바닥면적의 합계가 3천 제곱미터인 건축물의 대지에는 공개 공지 또는 공개 공간을 설치하여야 한다.
㉣ 이해관계인이 해외에 거주하여 동의를 받기 곤란한 경우에 허가권자는 건축위원회의 심의를 거쳐 이해관계인의 동의 없이 도로의 위치를 폐지·변경할 수 있다.
㉤ 건축물의 지표의 위·아래 부분에서 건축선의 수직면을 넘어서는 아니되며, 도로면으로부터 높이 4.5m 이하에 있는 창문은 열고 닫을 때 건축선의 수직면을 넘지 않는 구조로 하여야 한다.

① 1개 ② 2개
③ 3개 ④ 4개
⑤ 5개

37 건축법령상에 면적에 관한 설명으로 옳은 것은 모두 몇 개인가?

> ㉠ 태양열을 주된 에너지원으로 이용하는 주택의 건축면적은 건축물의 외벽 중 내측 내력벽의 중심선을 기준으로 한다.
> ㉡ 공동주택으로서 지상층에 설치한 생활폐기물 보관함의 면적은 바닥면적에 산입한다.
> ㉢ 연면적은 하나의 건축물 각 층의 바닥면적의 합계를 말하는 것으로서, 용적률을 산정할 때 층수가 50층 이상인 건축물에 설치하는 피난안전구역의 면적은 연면적에 산입하지 않는다.
> ㉣ 건축법상 일조권의 확보를 위한 건축물의 높이를 제한하는 지역은 원칙적으로 전용주거지역, 일반주거지역이다.
> ㉤ 일반상업지역에서 하나의 대지에 두 동 이상의 공동주택을 건축하는 경우에는 채광의 확보를 위하여 높이가 제한된다.

① 1개 ② 2개
③ 3개 ④ 4개
⑤ 5개

38 건축법령상 옳은 것은 모두 몇 개인가?

> ㉠ 「자연공원법」에 따른 자연공원은 특별건축구역으로 지정될 수 없다.
> ㉡ 협정체결자 또는 건축협정운영회의 대표자는 건축협정을 폐지하려는 경우 협정체결자 과반수의 동의를 받아 건축협정인가권자의 인가를 받아야 한다.
> ㉢ 건축물이 용적률을 초과하여 건축된 경우에는 해당 건축물에 적용되는 1제곱미터당시가표준액의 100분의 50에 해당하는 금액에 100분의 80을 곱하는 비율로 이행강제금이 부과된다.
> ㉣ 허가권자는 위반 건축물에 대한 시정명령을 받은 자가 이를 이행하면 이미 부과된 이행강제금의 징수를 즉시 중지하여야 한다.
> ㉤ '건축허가권자'와 '해당 건축물의 건축 등으로 피해를 입은 인근주민' 간의 분쟁은 건축분쟁전문위원회의 조정 및 재정의 대상이 된다.

① 1개 ② 2개
③ 3개 ④ 4개
⑤ 5개

39 농지법령상 옳은 것은 모두 몇 개인가?

㉠ 관상용 수목의 묘목을 조경목적으로 식재한 재배지로 실제로 이용되는 토지는 농지에 해당한다.
㉡ 8년 이상 농업경영을 한 후 이농한 자는 이농 당시 소유 농지 중에서 총 10000m² 까지만 소유할 수 있다.
㉢ 군수는 처분명령을 받은 후 정당한 사유 없이 지정기간까지 그 처분명령을 이행하지 아니한 자에게 해당 농지의 감정가격 또는 개별공시지가 중 더 높은 가액의 100분의 20에 해당하는 이행강제금을 부과한다.
㉣ 임대차계약은 그 등기가 없는 경우에도 임차인이 농지소재지를 관할하는 시·구·읍·면의 장의 확인을 받고, 해당 농지를 인도받은 경우에는 그 다음날부터 제3자에 대하여 효력이 생긴다.
㉤ 농지의 임차인이 농작물의 재배시설로서 비닐하우스를 설치한 농지의 임대차기간은 10년 이상으로 하여야 한다.

① 1개
② 2개
③ 3개
④ 4개
⑤ 5개

40 농지법령상 옳은 것은 모두 몇 개인가?

㉠ 농업보호구역의 용수원 확보, 수질보전 등 농업 환경을 보호하기 위하여 필요한 지역을 농업진흥구역으로 지정할 수 있다.
㉡ 농지를 농업인 주택의 부지로 전용하려는 경우에는 농림축산식품부장관에게 농지전용신고를 하여야 한다.
㉢ 농지전용허가를 받은 자가 관계 공사의 중지명령을 위반한 경우에는 허가를 취소할 수 있다.
㉣ 농림축산식품부장관은 농지보전부담금을 내야하는 자가 납부기간까지 부담금을 내지 아니하면 체납된 부담금의 100분의 3에 해당하는 가산금을 부과하여야 한다.
㉤ 시·구·읍·면의 장은 관할구역 안에 있는 농지가 농지전용허가로 농지에 해당하지 않게 된 경우에는 그 농지대장을 따로 편철하여 10년간 보존해야 한다.

① 1개
② 2개
③ 3개
④ 4개
⑤ 5개

공법100제 정답(국토계획법, 건축법)

쫄지마공법 이경철

1	2	3	4	5	6	7	8	9	10
① (ㄷ)	① (ㄷ)	① (ㄱ)	① (ㄷ)	④ (ㄱㄴㄷㄹ)	① (ㄱ)	③	③ (ㄴㄷㄹ)	④	③ (ㄱㄷㄹ)
11	12	13	14	15	16	17	18	19	20
⑤	② (ㄱㄴ)	⑤	②	① (ㄱ)	④	② (ㄹㅁ)	③ (ㄷㄹㅁ)	② (ㄴㅁ)	④ (ㄱㄴㄷㅁ)
21	22	23	24	25	26	27	28	29	30
③	① (ㅁ)	① (ㅁ)	③ (ㄷㄹㅁ)	③ (ㄴㄷㅁ)	③	①	③	⑤	⑤
31	32	33	34	35	36	37	38	39	40
① (ㄷ)	① (ㅁ)	② (ㄱㅁ)	③ (ㄱㄴㄷ)	② (ㄱㄹ)	③ (ㄱㄴㅁ)	⑤	③ (ㄱㄴㄹ)	② (ㄱㄷ)	① (ㄴ)
41	42	43	44	45	46	47	48	49	50
③ (ㄱㄴㄹ)	④ (ㄱㄷㄹㅁ)	② (ㄹㅁ)	② (ㄷㅁ)	④	③	③ (ㄴㄷㄹ)	① (ㄹ)	② (ㄱㄷ)	② (ㄷㄹ)

공법100제 정답(주택법, 농지법, 도개법, 정비법)

쫄지마공법 이경철

51	52	53	54	55	56	57	58	59	60
② (㉠㉢)	② (㉠㉢)	① (㉢)	② (㉣㉢)	② (㉡㉣)	③ (㉡㉣㉤)	② (㉠㉣)	① (㉢)	③ (㉠㉡㉢)	① (㉢)
61	62	63	64	65	66	67	68	69	70
⑤	② (㉡㉤)	⑤	④	⑤	④	⑤	④	③ (㉡㉢㉤)	② (㉢㉢)
71	72	73	74	75	76	77	78	79	80
③ (㉠㉢㉢)	② (㉡㉢)	② (㉡㉣)	④ (㉠㉡㉣㉤)	⑤	⑤	④	② (㉣㉢)	① (㉡)	② (㉣㉢)
81	82	83	84	85	86	87	88	89	90
⑤	② (㉡㉣)	②	③ (㉠㉡㉣)	③	① (㉣)	③ (㉡㉣㉢)	③ (㉢㉣㉢)	③ (㉡㉣㉤)	② (㉢㉣)
91	92	93	94	95	96	97	98	99	100
⑤	① (㉢)	①	② (㉣㉢)	② (㉠㉣)	② (㉠㉣)	④	① (㉡)	④	⑤

마무리 연습(40제) 정답

쫄지마공법마스터 이경철

1	2	3	4	5	6	7	8	9	10
② (ㄱㄴ)	② (ㄱㄴ)	① (ㄴ)	③ (ㄴㄷㅁ)	③ (ㄱㄹㅁ)	① (ㄱ)	① (ㄷ)	③ (ㄱㄴㄷ)	① (ㄷ)	② (ㄷㄹ)
11	12	13	14	15	16	17	18	19	20
② (ㄷㄹ)	② (ㄴㄷ)	① (ㄴ)	② (ㄹㅁ)	① (ㅁ)	① (ㄹ)	③ (ㄱㄹㅁ)	③ (ㄱㄴㅁ)	② (ㄴㅁ)	① (ㄴ)
21	22	23	24	25	26	27	28	29	30
① (ㅁ)	② (ㄴㄷ)	① (ㄴ)	② (ㄱㄴ)	② (ㄴㄷ)	② (ㄴㅁ)	② (ㄱㄷ)	② (ㄷㄹ)	③ (ㄴㄷㄹ)	② (ㄱㄹ)
31	32	33	34	35	36	37	38	39	40
③ (ㄷㄹㅁ)	② (ㄱㄷ)	③ (ㄱㄴㄷ)	① (ㄱ)	② (ㄱㄴ)	① (ㄱ)	③ (ㄱㄷㄹ)	② (ㄱㄴ)	② (ㄴㄹ)	② (ㄹㅁ)

제36회 공인중개사 시험대비 **전면개정**

2025 박문각 공인중개사
이경철 파이널 패스 100선 2차 부동산공법

초판인쇄 | 2025. 7. 25. **초판발행** | 2025. 7. 30. **편저** | 이경철 편저
발행인 | 박 용 **발행처** | (주)박문각출판 **등록** | 2015년 4월 29일 제2019-000137호
주소 | 06654 서울시 서초구 효령로 283 서경 B/D 4층 **팩스** | (02)584-2927
전화 | 교재 주문 (02)6466-7202, 동영상문의 (02)6466-7201

저자와의
협의하에
인지생략

이 책의 무단 전재 또는 복제 행위는 저작권법 제136조에 의거, 5년 이하의 징역 또는 5,000만원 이하의 벌금에 처하거나 이를 병과할 수 있습니다.

정가 22,000원
ISBN 979-11-7519-049-8